LETTRES
DU
TOMBEAU.
OU
Les Posthumes.

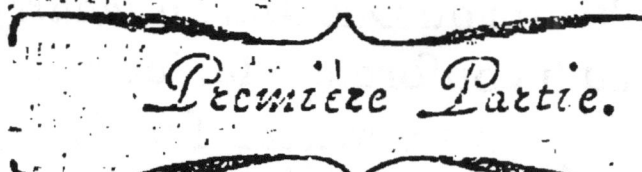

Première Partie.

AVIS DE L'EDITEUR.

ON a beaucoup entendu parler des *Illuminés*, & l'on en parle tous les jours, sans trop savoir ce que c'est : L'Auteur de cet Ouvrage a écrit dans leurs principes. Tout ce que dit *Fontlhète* à son Épouse, *Cazote* le pensait réellem^r. Ce sont ses opinions sur l'état des Ames, après la mort, qu'il expose..... Ce qu'il dira du Duc *Multipliandre*, était aussi conforme à ses idées...... S'il ne pouvait mettre son âme, dans un autre corps, il croyait que d'Autres l'avaient pu, & que la manière de s'y prendre lui était inconnue. Il est d'autres idées des *Illuminés*, sur la *Physique* ; On les trouvera dans la L.^{e} *Lettre*, & ailleurs.

Ce petit éclaircissement était necessaire....

LES Posthumes;

LETTRES reçues après la mort du Mari, par sa Femme, qui le croit à Florence.

Par feu CAZOTTE.

Première Partie.

Lhetum non omnia finit. Properti.

Imprimé à Paris, à la maison; se vend chez DUCHÊNE, libraire, rue des Grands-Augustins.

1802.

CAZOTE, auteur de cet Ouvrage, se disposait à le publier, lorsqu'un Tribunal sanguinaire le priva de la vie. Nous nous connaissions depuis 1786, que nous soupions ensemble deux fois par semaine, ensuite par décade, chez la Comtesse de Beauharnais. Il m'aimait; il aimait mes Ouvrages, et me prévenait en tout. Il me remit son travail, quand il eût des craintes d'être arrêté. Il me chargea de le publier sous mon nom, croyant alors, que ce serait un moyen de succès, et d'éviter la persécution. Ces deux motifs n'existent plus; ma réputation est tombée, et Cazote est réconcilié avec ses Juges, comme avec ses Bourreaux. Il les remercie de l'avoir fait vivre plûtôt de l'heureuse vie décorporée. Car nos âmes à tous doivent, suivant la doctrine des Illuminés, dont il était un des zélés Partisans, exister durant un siècle au-dessus de la calote de l'atmosphère du lieu qu'elles ont habité pendant leur encorporation.

Il falait que, vivant, il fût bien pénétré de ces vérités, car il ne fit rien pour se garantir de l'arrestation, et devant les Juges, rien pour sauver une vie qui l'ennuyait; il en apétait une meilleure.

Pour moi, son ami, je rens aujourd'hui à l'Auteur sa gloire et son Ouvrage.

Voici la courte PRÉFACE *qu'il avait cru nécessaire d'y mettre:*

Mon but, dans la composition de cet Ouvrage extraordinaire, est le même que Celui de Pytagore, à son arrivée en Italie, de guérir les Homes de vaines frayeurs de la mort, frayeurs qu'a triplées, ou centuplées le C'ristianisme. J'aurais pu raisoner; représenter la mort comme inévitable; comme un Objet indifferent, par la manière dont les Hommes l'envisagent pour les Autres, même pour leurs plûs Proches: Mais tout ce qui est de reisonement est froid. J'ai préféré d'établir ces mêmes verités, d'une manière active et dramatique, d'après un fait réel, que m'a raconté mad. De-Beauharnais, belletante du magnanime General Buonaparte, ce sauveur de la Nation-française. C'est par des Recits extraordinaires, qui sont dans la clâsse des possibles, puisque l'imagination de l'Homme ne peut sortir de la Nature, que je vais à deux buts, également moraux, le bién-être de l'Homme, et la conservation, par un tendre Époux, des jours d'une Compagne chérie. Car la vraie morale, consiste à travailler au bonheur des Hommes.

ÉCLAIRCISSEMENS.

L'HISTOIRE véritable, qui sert d'*Introduction* à ces LETTRES, les amène, il est vrai, mais elle n'en indique ni le fond, ni la base. Au-contraire, elle pourrait plûtôt induire en erreur, puisqu'elle paraît ne devoir annoncer que des lamentations sur le malheur du Héros. Mais à-l'exception des 13 ou 14 premres Lettres, où il parle de sa tendresse, toutes les autres partent d'une imagination brillante. Les Historiettes sont singulières, d'un genre absolument neuf, & auquel Personne n'avait jamais pensé.

La première, celle des Ames *Ifflasie & Klarendon*, est véritablement dans le sujet, dont elle resulte absolument: Elle tend, avec adresse, à préparer l'âme sensible d'une Epouse adorée, à supporter plûs tranquilement la perte d'un Epoux uniquement aimé....

Je n'avancerai pas le dénoûment de l'Ouvrage, en le présentant ici.

Les autres Histoires, comme celle du *Duc-Multipliandre*, vont toutes au même but. Celle-ci, plûs extraordinaire, quoique plûs dans la vraisemblance romantique, que les *Mille-&-une-NUITS*, remplit tout le reste de l'Ouvrage, à peu de chose près. Mais c'est une variété de faits, toujours amusante, toujours fondée sur la Nature. Ses *métamorphoses*, son *amour*, les persécutions qu'il éprouve, les victoires qu'il remporte, tout est neuf, & d'un genre à plaire au Lecteur raisonnable.

Le Président de *Fontlhête* termine ses *Lettres*, par une prédiction de la *Révolution*, que lui font Ysflasie & Klarendon, en-vertu du pouvoir qu'ils ont de pénétrer dans l'avenir.

On trouvera, dans cet Ouvrage, des principes sûrs en politique: La partie amusante est bien audessus des folies d'un Auteur récent, entiché des superstitions italiénnes, & qui mêle du merveilleux, dans les Romans-même où il n'en faut pas. Jamais ces Ouvrages n'iront à la Postérité: Aulieu que celui-ci, plein de variété, de merveilleux agréable, & non répugnant, montre un Malade plein d'esprit, écrivant dans le double motif de se faire uillusion à luimême de son vivant, ainsi qu'à l'Epouse chérie, qui ne doit lire ses Lettres qu'une à une pendant un an, après sa mort, & qui croira les recevoir d'un Homme vivant, qui s'égaye lui-même, comme il veut l'égayer.

C'est-là ce que le Lecteur doit toujours avoir présent, ce qui soutiendra le charme de la lecture : L'Epouse reçoit ces Lettres, d'une Ville, où son Mari a été réellement envoyé par le Ministère Français, & la premiére ne part que le lendemain de sa mort. Obligée de faire Réponse, on la trompe adroitement par des *Postscriptons* contrefaits, pour les à-propos non prévus, dans la véritable *Lettre* de son Epoux.

Je ne trouve rien de plus à joindre à cet Avis, pour bien faire entendre le but des *Lettres*, par lesquelles un tendre Mari entreprend d'avance de préserver du desespoir une Epouse qui lui est chère, & dont il est adoré. On dit que feue l'estimable Compagne d'un Homme célèbre (MAD. *Nèckre*, mère de la sublime MAD. *De-Staëls*), a fait la même chose pour son vertueux Epoux : Mais MAD. *De-Beauharnais* me sera temoin qu'On ne l'a su, que longtemps après l'achèvement des LETTRES à MAD. *De-Chazit*.

Les

Les Posthumes;

Lettres

Reçues après la mort du Mari, par sa Femme, qui le croit à Florence.

O Genus attonitum gelidæ formidine Mortis. &c.
Ovid. 10 Metam.

ÉCLAIRCISSEMENS.

L'HISTOIRE véritable, qui sert d'*Introduction* à ces LETTRES, les amène, il est vrai, mais elle n'en indique ni le fond, ni la base. Au-contraire, elle pourrait plûtôt induire en erreur, puisqu'elle paraît ne de-

I Volume. A

voir annoncer que des lamentations sur le malheur du Héros. Mais à-l'exception des 13 ou 14 prem^{res} Lettres, où il parle de sa tendresse, toutes les autres partent d'une imagination brillante. Les Historiettes sont singulières, d'un genre absolument neuf, & auquel Personne n'avait jamais pensé.

La première, celle des Ames *Yfflasie & Clarendon*, est véritablement dans le sujet, dont elle resulte absolument: Elle tend, avec adresse, à préparer l'âme sensible d'une Epouse adorée, à supporter plûs tranquilement la perte d'un Epoux uniquement aimé....

Je n'avancerai pas le dénoûment de l'Ouvrage, en le présentant ici.

Les autres Histoires, comme celle du *Duc-Multipliandre*, vont toutes au même but. Celle-ci, plûs extraordinaire, quoique plûs dans la vraisemblance romantique, que les *Mille-&-une Nuits*, remplit tout le reste de l'Ouvrage, à peu de chose près. Mais c'est une variété de faits, toujours amusante, toujours fondée sur la Nature. Ses *métamorphoses*, son *amour*, les persécutions qu'il éprouve, les victoires qu'il remporte, tout est neuf, & d'un genre à plaire au Lecteur raisonnable.

Le Président de *Fontlhète* termine ses *Lettres*, par une prédiction de la *Révolution*, que lui font Ysflasie & Clarendon, en-vertu du pouvoir qu'ils ont de pénétrer dans l'avenir.

On trouvera, dans cet Ouvrage, des principes sûrs en politique: La partie amusante est bien au-dessus des folies d'un Auteur récent, entiché des superstitions italiennes; & qui mêle du merveilleux, dans les Romans-même où il n'en faut pas. Jamais ces Ouvrages n'iront à la Posterité : Au lieu que celui-ci, plein de variété, de merveilleux agréable, & non répugnant, montre un Malade plein d'esprit, écrivant dans le double motif de se faire illusion à lui-même de son vivant, ainsi qu'à l'Epouse chérie, qui ne doit lire ses Lettres qu'une à une pendant un an, après sa mort, & qui croira les recevoir d'un Homme vivant, qui s'égaye lui-même, comme il veut l'égayer.

C'est-là ce que le Lecteur doit toujours avoir présent, ce qui soutiendra le charme de la lecture : L'Epouse reçoit ces Lettres, d'une Ville, où son Mari a été réellement envoyé par le Ministère Français, & la prem^{1re} ne part que le lendemain de sa mort. Obligée de faire Réponse, on la trompe adroitement par des *Postscriptons* contrefaits, pour les à-propos non prévus, dans la véritable *Lettre* de son Epoux.

HISTORIQUE DES LETTRES.

Un Homme-de-Robe devint éperdûment amoureux d'une Femme mariée. Il fut dabord heureux de son seul amour non déclaré. Mais enfin n'ayant pu se taire, aulieu qu'il était accueilli auparavant, avec une confiance tendre, il fut soigneusement évité.

Un-soir néanmoins, M. *De-Foutlhête* rencontra Mad. *De-Chazil* dans un jardin particuliér. Il prit le long de la charmille, en se tenant un-peu en-arrière, pour jouir de sa vue, par les petits jours que laissaient les feuilles. Il l'entendit soupirer. Il doubla le pas, ét aubout de l'alée, ils se trouvèrent face-à-face.

Elle rougit. Il se troubla. Il lui prit la main. Elle la lui laissait : ‟ Vous voyéz à mon regard (lui dit-il), que mon bonheur dépend de vous, Madame... Non que je prétende à des faveurs.... Hâ ! un sentiment tel... que celui que j'éprouve, suffit à mon bonheur.... ,, Je suis mariée... Ne me revoyéz *Jamais* ,, ! Elle lui arracha sa main, ét se retira précipitamment. ,, Quoi ! Madame ! *jamais* ! ,, *Jamais* ,, ! (répeta la Dame). Et elle rentra.

Le Président resta immobile... Puis son imagination s'égarant, il crut que les soupirs qu'il avait entendus, étaient pour Un-autre. Et cette idée le mit au-desespoir. Il retourna chéz lui, fit tout préparer pour partir, ét ala se renfermer dans une maison-de-campage, à 7 lieues de Paris. Il resta six semaines, dans une douleur morne, cruelle pour lui-même, mais douce pour ses Gens, ét les Etrangérs......

Il revint à Paris, lors de la rentrée; remplit ses devoirs; se présenta chéz la Marquise de Chazù, ét ne fut pas admis. Il ne lui écrivit qu'un mot:

Quoi! Madame! jamais!....
La réponse fut: *Jamais!*

Le Président passa l'hiver à Paris, cherchant toutes les occasions de voir la Marquise. Il l'entrevit plusieurs fois. Elle était belle et triste......

Au printemps suivant, étant un soir entré dans ce même jardin, où il l'avait rencontrée le jour de sa déclaration, il l'aperçut assise sur un banc de gazon, qui regardait les *Champs-Elisées :* Elle causait avec la Maîtresse de la maison, la jeune M^{quise} *De-Marigni.*

„ Oui, mon Amie (disait mad. De-Chazù), je n'ai pu défendre mon cœur! Mais je l'en punirai, ce cœur rebèle! ... Jamais le Comte ne connaîtra mes sentimens ,,.

A ce mot fatal, M. *De-Fontlhète* se retira la mort dans le cœur, persuadé qu'il avait un Rival aimé... Hâ! l'Infortuné! il était Comte aussi, et peut-être était-ce une convention entre les deux Amies, de ne le nommer que de ce titre, lofqu'elles parleraient de lui!

Pendant la nuit, il n'eut que des fonges confirmatifs de fon malheur: Il vit Mad. De-Chazû entre les bras d'un joli Comte, bien fat; et elle recevait avantageufement fes avances. En s'éveillant, il pouffa un cri de desefpoir... Il partit enfuite pour la campagne, à 7 lieues. Il f'y confuma de douleur.

Enfin, un matin, après un fonge, où il crut voir fa Belle s'adoucir, et lui avouer, qu'elle l'aimait, il s'éveilla tellement desefperé, fe croyant fûr que ce fonge était l'indice qu'elle venait de fe donner à fon Rival. qu'il prit un poifon lent, depuis longtemps préparé : la vie qu'il menait lui étant devenue infuportable.

Le poifon n'était pas encore avalé, lorfqu'on frappa. (Il f'était enfermé). Il fe hâte de boire, et il ouvre... ,,, Mad. De-Chazü ,,,! (dit le Laquais). Elle entre... Elle se précipite vers lui.

,,, O mon Ami! (lui dit-elle, sans lui laisser même le temps de la saluer); je suis libre! j'ai su votre douleur! Elle m'a touchée. Mon devoir me retenait: Je vous aimais ; je vous ai toujours aimé... Je suis libre... Je vous apporte ma main, que mon cœur devança ,,,!

A ces mots, prononcés avec caresses, l'Amant oublia son malheur! Il éclata par un transport-de-joie.... Mais de cet élan de bonheur, il ne retomba que plus profondement en lui-même.... Son Amante ne pouvait rien comprendre à ses inégalités. Elle s'en plaignait tendrement... ,, Je me justifierai dans peu! (lui dit-il); je n'adore que vous, ét peutêtre ce sentiment me rendra la vie, que la douleur alait m'ôter ,,..... Et tout en parlant, il prenait du contrepoison.... Hortense étonnée, ne savait ce qu'il fesait... Elle lui crut la tête derangée... Elle n'en fut que plûs tendre.

Il épousa sa Maîtresse le plûtôt possible.... Ce fut le lendemain de ce mariage, qu'il écrivit sa première LETTRE; et tous les jours deux autres; deforte qu'il parut écrire en 366 jours.

Quand il sentit que sa fin était inévitable, il se fit donner une commission temporaire, par le Ministre des affaires étrangères, pour *Londres* dabord; puis pour *Florence* et *Rome*, où il voulait mourir. Il devait donner ses *Lettres* à un Ami, chargé de les mettre une à une à la poste pour son Epouse, restée à sa Terre, parcequ'elle était enceinte. Cet Ami devait mettre la Première le jour-même de sa mort, et toutes les autres de-même : Ce qui ne paraîtrait pas extraordinaire; parceque, de son vivant, tous les jours il écrivait à sa Femme. L'Ami devait recevoir les *Ré-*

ponses, ét mettre aux *Lettres*, datées soit de *Londres*, de *Florence*, ou de *Rome*, un *postcripton* d'à-propos.

M. De-Fonthète mourut à *Rome*. Il y était alé exprès, pour y finir ses jours, portant avec lui le coffret qui renfermait les LETTRES qu'on va lire : ,, Mon Ami (dit-il à Celui qui l'avait accompagné, en le lui présentant), voici le depôt dont je vous ai parlé : Songez de quelle importance il est qu'une Epouse cherie, enceinte, ne reçoive pas de sitôt la fatale nouvelle ! ... Le temps, en s'éloignant, adoucira le coup ,, ... Il expira.

La 1re LETTRE, datée de *Londres*, partit auſſitôt pour Paris, ſous une enveloppe timbrée de *Rome*, qu'un autre Ami de *Paris*, auquel elle était adreſſée, ôta, pour envoyer la LETTRE à la Préſidente-Comteſſe, qui reçut ainſi cette 1re LETTRE, préparée par les converſations, ét par les Dernières de ſon E-

A 6

poux: Car il avait annoncé à sa Femme le genre de toutes celles qu'on va lire, et ses motifs, pour les écrire ainsi; motifs qui sont plus d'une fois exprimés dans les LETTRES: C'est qu'elles étaient supposées écrites, à commencer du lendemain du mot terrible *Jamais!* Le Président avait dit à sa Femme, en partant: „ Mon Amie, à une certaine époque, vous verrez tout ce que j'ai pensé, tout ce que j'ai fait, depuis mon desespoir: Je vous supplie d'y repondre par ce qui vous passera par la tête, jusqu'à la dernière des 366 Lettres que je vous enverrai, de *Londres*, de *Florence*, ou de *Rome*?... La Présidente-Comtesse y avait consenti; l'avait juré,... avant de connaître son malheur. Elle tiendra le serment.

D'après cet exposé, on va sentir le motif du genre et des écarts d'imagination des LETTRES suivantes, motifs aussi délicats, que le genre est extraordinaire.

LETTRES.

I.re

De mon Tombeau. Londres. 1 Fevriér matin 1779.

JAMAIS !..... Ce mot est mon arrêt de mort! il est sorti de votre bouche ; il est sacré! il me proscrit, ét mon sort est décidé ! ... O Vous, le charme de ma vie! vous ignoréz comme vous pouvéz, comme vous devéz être aimée! Seul au monde, je le sais, ét seul au monde je vous aime, comme vous devéz l'être ! un sentiment profond me fait voir en vous seule la beauté, les charmes ét le bonheur. Vous me condamnéz à ne jamais espérer! .... J'adore votre arrêt, *Hortense* ! Mais le desespoir est entré dans mon cœur, au moment où vous avéz prononcé le mot fatal, *Jamais* !... Je ne me plaindrai pas de vous! Hêlas! vous ne pouvéz m'aimer; ét moi je ne puis vivre sans l'être de vous !... Il faut finir !... Mais je vous aime avec tant d'attachement, un si grand regret de cesser de vous voir, que je ne veux pas finir en un moment; je veux me sentir mourir, ét tous les jours, pendant un an, vous faire le sacrifice de ma vie...... Tous les jours vous écrire une Lettre.... que vous liréz peutêtre, quand je ne serai plus.... Hâ! si je pouvais m'en flater, si je pouvais espérer que ma pensée passera dans votre pensée, que vos ieux boiront les larmes qui humectent ce papier!... Mais non.... Apprenéz, si vous me liséz un jour, que le poison est là... qu'il est lent... que je vais... dans un instant, avant d'achever cette Lettre, faire passer dans moi un principe de mort.... Hélas! cette idée affreuse de l'anéantissement de la pensée, l'est bien moins que l'horrible mot *Jamais!* que vous venéz de prononcer!......

C'est fait! je ne vivrai plus qu'un an.... Dans un an, à pareil jour, le plûs infortuné des Hommes, insensiblement consumé, rendra le derniér soupir.....

Est-il un moyén de vivre, après la mort? Voila ce qui m'occupe... Oui, j'en vois de moraux, aumoins... Il faut les prendre.

Il n'est plus temps!... plus de remède! ..... Je cesserai d'être à un terme connu!... Mais chacun de mes derniérs jours va se consumer pour vous. Chaque jour, c'est à vous que je m'immolerai! O vous, qui eussiez fait le charme de ma vie, et.... qui en faites.... dirai-je le tourment?... (non, j'ai du plaisir à mourir pour vous)! plaignez-moi!....

J'ai le cœur serré.... La mort est dans mon sein!... Hâ! elle sera trop longtemps à venir!.... O mon pauvre cœur! calme-toi!... C'est Elle qui t'a vivifié; c'est Elle qui t'éteindra. Quand je sentirai la première douleur, je me dirai à moi-même : ,, C'est le coup de la cruelle Hortense! et son *Jamais!* me perce le cœur!...

L'Infortuné DE-FONTLHÈTE.

Réponse a la I.re Lettre.

17 Fevrier.   De Paris.

O mon cher Mari! qu'elle scène tu me rappelles!... Si ta Lettre n'était pas convenue, elle serait effrayante!... Mais elle est aucontraire une preuve de ton amour, et des sentimens que tu as toujours eûs pour moi!... Elle était par-hazard restée toute ouverte sur mon bureau, pendant que j'étais à ma Toilette. Mad. De-Marigni est entrée, l'a parcourue. Elle est arrivée à moi toute effrayée! ,, Hé! mon Amie! qu'est-il arrivé!... ,, Cette Lettre ,,.... J'ai fouri. ,, Hâ! ce n'est rien! Tant-mieux! Car elle m'avait effrayée ,,. Et je lui ai fait voir, que c'était le recit d'une chose anciénne.... Elle m'aime, cette adorable Marquise.... Elle n'est pas heureuse... Il n'y a de fenfible, que les Infortunés!... Si belle, ét fouffrir des rebuts!... De qui? d'un Homme qui ne la vaut pas!...

Ton Fils m'appelle. Je te quitte pour Toi-même.

Ta Femme. HORTENSE.

II.de LETTRE.

De mon Tombeau.   *Londres.* 2 Fevriér.

UN feu s'alume dans mes veines! hâ! peutêtre calmera-t-il celui qui dévore mon âme!... Oui, je crois qu'il le calmera. Depuis le facrifice de ce matin, une forte de paix, inconnue depuis longtemps! femble s'introduire dans mon cœur.... Malgré vous, Hortenfe, j'ai fu établir un rapport entre vous ét moi: Je fuis votre victime... Je fuis *votre*... Ce mot ne peut être sans douceur, pour l'Homme qui vous adore! Vous ne pouvéz m'aimer: La Nature, peutêtre la raison, semblaient l'exiger; mais l'honneur le défendait. Si aulieu du terrible *Jamais!* que vous prononçâtes avant-hier, vous m'eussiéz dit: „Fontlhète, je m'en remets à vous: dois-je imprimer une tache sur ma vie, ét repondre à votre amour? Je vous aurais, sans hésiter, sans déguisement, fermement repondu: „Non, vous ne le devéz pas „. Et si vous eussiéz ajouté: „Hé-bien, Fontlhète, si je vous vois, si vous vivéz, si vous m'aiméz, je le sens, je n'aurai pas la force de résister: je serai parjure; je deviéndrai coupable envers la loi sociale, ét je perdrai l'honneur „! Si, dis-je, vous m'eussiéz parlé de la sorte, j'aurais fui, pour vous conserver l'honneur, pour n'imprimer pas la tache la plûs legère, au Chefd'œuvre de la Nature; j'aurais fait ce que je fis hier... Hâ! chimère flateuse, qui viéns m'occuper par tes suppositions! tu charmes ma douleur!... Hêlas! cette cause délicieuse ét charmante, qui m'eût fait boire avidement la coupe de la mort, n'est pas celle.... que le desespoir, l'affreux desespoir m'a présentée, et qui m'a forcé de boire jusqu'à la lie !... Mais il s'est trompé... Je ne suis plus au-desespoir, depuis que je lui ai cedé: une douce et consolante pensée semble porter le baume dans mon sang: Je cesserai pour Elle !... Elle est la cause; je serai l'effet....

Un sentiment comme le mien, ma chère Hortense, doit étonner! Il faut vous en faire l'histoire: Elle sera la matière des Lettres qui vont suivre. Il y a deux ans que je vous adore: Chaque Lettre présentera l'histoire de deux jours. O consolante idée! Si jamais la belle Hortense me lit, je tâcherai qu'on lui remette ces Lettres une-à-une: Elle réünira, dans un seul instant, quatre années, les deux passées, dont je décrirai chaque jour; celle qui s'écoule, et dans laquelle j'écris, et celle où elle me lira. Ainsi je prolonge mon existance, je la quadruple, et je sens à cet instant le bonheur !... Ne me plaignéz pas Hortense! Vous ne m'avéz pas rendu malheureux: N'ayéz ni regrets, ni repentir; le mot *Jamais!* que vous avéz prononcé, était pour vous un devoir;

vous êtes juste, et je me punis de ne vous avoir pas aimée, comme vous meritéz de l'être.

A demain : Je commencerai l'histoire de mes sentimens. Je pars pour Florence.

RÉPONSE A LA II.de LETTRE.

18 Fevriér.

Tu commences dès ici, chër Epoux! l'histoire de tes sentimens. Il ne pouvait y en avoir de plûs agréable pour ton Epouse, ét la Mère de ton Fils. Tu es toujours fûr de m'interesser par-là. Ta Lettre a l'art de faire trouver doux, flateurs, les plûs cruels reproches, après que la cause en est anéantie, par notre mariage. Plûs ils font amërs dans le lointain, plûs ils font doux, au moment où ils font faits, par l'Epoux à fa tendre Epouse, qui parle de l'Amant desesperé, de la Maîtresse sévère, cruelle, comme de Personages imaginaires... Continue, chër Mari, fur ce même ton! Il est délicieux pour ta Femme.

Je ne traite presque pas d'affaires. Je les remets toujours. Mais ton Homme-de-confiance gouverne tout.

III.me LETTRE.

De mon Tombeau. *Londres.* 3 février.

C'est le 3 Février 1777, que je vous vis pour la première-fois au bal que donnait l'Ambassadeur de *Venise*. Jusqu'à ce moment, Qui vous avait cachée à mes regards? Pourquoi l'Astre de mon bonheur n'avait-il pas été visible pour moi? ... Tous les ïeux étaient fixés fur vous: Les *Uns* vantaient la perfection de votre taille; les *Autres*, la régularité de vos traits: Ceux-ci louaient votre œil noir, brillant ét doux; Ceux-là votre bouche mignone: On vous admirait de la tête aux piéds. Une Femme ajouta aux éloges: ,, Elle a plûs de qualités ét de vertus, que d'attraits ,,! Je tressaillis... Je m'approchai. Le faint nœud du mariage, où je favais que vous étiéz engagée, me penetrait de respect: Ce ne fut pas un profane amour que je ressentis pour vous. Je voulais vous adorer, comme le chef-d'œuvre de la fagesse ét de la raison. Je m'approchai donc. Rappeléz-vous, Hortenfe, le premiér mot que je vous dis?

Vous veniez de vous asseoir: vos regards erraient, sans fixer Persone: Ils vinrent sur moi, lorsque j'ouvris la bouche: „Madame„... Je m'arrêtai. Mes idées se brouillèrent; il me sembla que vos regards dissolvaient mes pensées, comme le verre ardent fond les métaux... Vous me regardiez; je crus que c'était avec une sorte d'intérêt... Je m'enhardis: Je recommençai: „Madame, tous les cœurs„.... Et je ne pus achever. Vous sourites: le feu de vos ieux fut temperé: „Madame, repris-je, tous les cœurs... vous apportent le plus pur des hommages„... Je crus avoir achevé une longue harangue... Je me tus; je vous admirai. Mais je n'osais porter jusques aux vôtres, mes ieux éblouis. „Asséyéz-vous, Monsieur„! Que ce mot me parut charmant!... Hélas! il n'était que de pitié!... Je n'osai m'asseoir... Je regardais vos mains, vos bras. Vous vous levates: Je vous suivis, comme Charmant suit *Lucinde* dans l'*Oracle*. Vous partites, et je sentis que vous étiez mon âme.

Le 3 fevrier de l'année suivante, il n'y avait pas de bal. Mais je cherchai à vous voir, pour célébrer l'anniverſaire de ce que j'appelais mon bonheur. Je ſus que vous dîniéz chez M. D'Ormont : Je n'étais pas invité : Mais je pouvais rendre une visite après dîner. Je n'eüs garde d'y manquer. On jouait... On jouait au *Lo-to*. Jeu charmant ! je n'aimerai jamais que toi !.... Mademoiselle *De-Saintjoſſe*, la nièce de M. *D'Ormond*, me proposa d'être avec vous. Hâ ! comme elle me devint chère ! Je l'aimai presqu'autant que vous. Nous ne dimes que des riens, et jamais, jamais je n'ai rien entendu de ſi ſpirituel, de si melodieux, de si divin ! J'amenai trois-fois de-ſuite 69. —J'aime 69 (dîtes-vous) : il me vient souvent-! Quoi ! l'amour peut donc d'un 69, d'un ambe, d'un quaterne, d'un quine, former un discours plûs tendre que les élégies de *Tibulle!*... Ce jeu dura trop peu ! Je ne me le ſuis jamais rapelé qu'en tressaillant : J'en achetai un le lendemain : Je le jouais ſeul, dès que j'avais un instant. L'Amour occupait votre place. Hâ ! quel plaisir j'éprouvais, quand il revenait quelqu'un des nombres que j'avais eüs avec vous! 69 par-exemple.

Le 3 Fevriér de cette année, je vous écris, ét je me penètre des plaisirs des deux années précedentes.

Le 3 Fevriér, dans un an.... je ne ferai plus.... Mais vous feréz! Hâ! puis-siéz-vous lire cette Lettre, en l'honorant d'un foupir!

RÉPONSE à LA III.me LETTRE.

19 Fevriér.

CETTE Histoire, de notre rencontre au Bal, chër Mari, m'a remué le cœur prodigieusement! O comme est chër, tout ce qui tient à une passion unique!... Tu y joins ce que tu as fenti l'année fuivante, à ce jeu de *Loto* avec Mlle *De-Saint-joffe*. Il femble, mon Ami, que tu lise dans mon cœur, pour faifir ce qui l'interesse. Ce jeu n'était rién: Ses nombres font ennuyeux; mais le ton de mon Ami; les querelles que lui fesaient Mad. ét Mlle De-Saintjosse; voila ce qui m'intéresse, en me reportant à ces temps d'amour ét de palpitation!.. amour que je n'osais m'avouer, ét que je fentais si vivement! (*Le reste est d'affaires.*).

IV.me LETTRE

De mon Tombeau. 4 Févriér.

Le 4 févriér, ét la nuit qui l'avait amené, je ne fus occupé que de vous. Mais c'était une charmante idée. Je ne sais quel espoir vague ét flateur portait le charme dans mon âme. Ma chaîne était deja trop forte pour se rompre; mais j'aimais à la porter, j'aimais à la sentir. Je cherchai à vous voir; ét comme tout nous favorise, dans les commencemens d'une passion, je vous vis, ét je vous vis souriante: C'est dire combién vous étiéz belle. Vous ne m'adressâtes qu'un mot; mais il était honnête: Un mot honnête, dit à un Amant, le second jour, est une faveur .... J'arrangeai mon plan dans ma tête. Il était sage; car je devais vous adorer à votre insu, sans trouble, sans desirs, sans jalousie. C'était une folie; c'était m'arranger pour avoir un violent amour, sans amour! Mais cette erreur dura peu... Que n'a-t-elle toujours duré!.... Elle n'existait deja plus le 4 févriér de l'année suivante! Je me rappelai ce jeu divin de
la

la veille, ce Loto calomnié par des Ames insensibles. Hâ! jamais ils ne l'ont joué avec une Femme adorée!.... Mais pendant cette séance, j'avais senti vos charmes: Un songe trompeur vous montra tendre, touchée, repondant à des vœux, que j'osai former, pour la première-fois dans la liberté du sommeil!... Qui pourrait exprimer l'enchantement d'un songe heureux? O biénfesante Nature, tu nous donnes, en rêve, l'avantgoût et l'idée du bonheur parfait, de ce bonheur qui nous attend, après le degagement des liens du du corps!... Hâte-toi, heureuse liberté? Charmante idée, qui me fait appeler, qui me fait desirer la mort, hâ! que tu m'es précieuse! Tu repans sur ma destruction le liniment balsamique du plaisir, et tu m'abreuves, quand je me detruis, du nectar de l'immortalité!

Le 4 Fevrier de cette année, ces idées me raviſſent, au moment où je ſens... le le premier coup du stylet de la mort.... Hortenſe? je ne vous écris pas pour vous attrister, mais pour vous prouver, qu'en mourant d'amour, je meurs heureux... La mort seule me confole du malheur affreux de ne pouvoir être à vous!

Le 4 Fevriér dans un an..... Hâ! ma belle Hortenfe, que sait-on? Peutêtre que mon âme degagée, voltigera autour de vous? Peutêtre sera-t-elle votre Genie tutelaire? Que je serais heureux, fi j'écartais les peines, les soucis, les chagrins de ma celeste Amie!... Voyéz-moi, belle Hortenfe? sûrement je ne serai pas loin de vous, dans un an, au moment où vous me liréz? Je ne serai plus malheureux.

Les Ames ne sont pas ce que nous dit le bonhomme *Homère*, des Pufillanimes, qui regrètent platement la vie corporelle. Elles sont vives, gaîes, sans besoins, sans entraves. Tel sera mon sort. J'infiste aujourdhui sur cette confolante idée. Tendéz-moi les bras, quand vous liréz ces mots, ét je m'y précipiterai invisiblement. Je penferai: *Hortenfe! je vous adore! parcequ'un pur efprit le peut fans crîme,*

REPONSE A LA IVme LETTRE.

20 Fevriér.

Hé-bién, chër Mari! tu avais de l'espoir? Qui te l'aurait donné, si ce n'est ce fluide électrique d'amour, qui se communiquait de ton âme à la miénne, ét de la miénne à la tiénne ? Que ces commencemens d'une veritable paſſion, deviénnent delicieux, dans le lointain ! On les sent, peutêtre sans se douter d'eux, lorsqu'ils sont : Mais quand On s'y reporte enſuite, par la reflexion, c'est une ſenſation raviſſante... Tu joins, dans tes recits, le paſſé, le présent, le futur ! Conviéns que cette idée est neuve, ét que tu es le seul qui l'ait eüe ? Auſſi, je ne crois pas que jamais amour ait égalé ni le tién, ni le mién... Cette idée sombre d'un aneantiſſement qui n'est pas, me semble romantique, ét digne d'*Young* ! [*Le reſte de la Lettre est d'affaires*].

V.ᵐᵉ LETTRE.

De mon Tombeau. 5 Fevriér.

JE m'étais arrangé la veille, ét j'étais heureux par mon amour, par le sentiment delicieux que j'éprouvais.... Il est donc des circonstances, où l'On est heureux par l'amour, indépendamment de l'Objet aimé ?... Je differte, belle Hortenfe! pour vous deguiser ma fituation... Mais est-il delicat de vous en faire apercevoir ? Hâ! je n'ai pas la vanité de croire, que mon obfervation peut être crüelle... Non, non, elle ne l'est pas... ‟Mais, si elle l'était„? (me dit une voix secrète). ‟Non, non„ elle ne l'est pas.... J'étais donc heureux par vous, mais sans vous : Et vous le savez, Madame, mieux que Perfone. Sans votre aveu, j'étais fiêr de mon Choix : Je me disais à moi-même : *Fontlhète! tu n'es pas un Homme vulgaire : Tu aimes la première des Femmes !....*

Le 5 Fevriér suivant... Hêlas! Elle est à Un-autre (me dis-je à moi-même!) Je l'ai vue trop tard, ét fa main, fon cœur étaient donnés !... Mais quand je l'aurais vue plûtôt, m'aurait-elle préferé ?.., Non, non : je me rens justice, si l'amour ne l'avait pas emporté sur le merite... Desesperante idée !... Hô ! que cette année est differente de la première de mon amour, où je voyais tout, à-travèrs un prisme, qui embelliſſait les objets des plüs brillantes couleurs ! Triste, concentré, devoré de desirs, je fus moins innocent... je fus malheureux !...

Le 5 Fevriér actuel... Où êtes-vous, Hortense ? Vous habitez la campagne... Contente, heureuse, vous erréz sous les ombrages touffus d'un parc enchanté ! ... Alons à la campagne... Errons, comme elle, tandis que je le puis encore, sous les ombrages touffus de ces bosquets ... qu'elle rendrait charmans !... Hâ ! je crois la voir sous ces tilleuls, dont le doux parfum embaume l'haleine des Zefyrs.... Oui, partons.... Hélas ! à quoi pensé-je ? j'ouvre la fenêtre : la nège couvre les toits, ét les arbres sont encore depouillés !... Serais-je en delire ?... O Fontlhète ! jadis heureux, qui t'a ravi tous les biens de la vie ? Qui donc égara ta raison ?... C'est un malheureux amour !... Plus, plus de jouissances ! Il faut mourir.... On frappe. Une Lettre... de la Comtesse *Beauchamois*.

Que viens-je d'apprendre ?... Vous êtes reellement à la campagne, au milieu de l'hivër, dans la saison des plaisirs ?... Qui vous éloigne de la Capitale !... J'y

B 3

respirais le même air qu'Hortenſe : vous ne l'habitéz plus ; je veux la quitter.

Le 5 Fevriér futur. Je ſerai moins malheureux qu'aujourdhui ; car je n'aurai plus de corps, ét vous me liréz, Hortenſe?... Adieu.

Reponse a la Vme Lettre.

21 fetiér.

Doux charme de l'interrogation de mon Ami, comme tu viens de retentir à mon cœur? Tu me demandes où je ſuis? Tu me cherches, ét ne pouvant me trouver, tu m'imites... O mon Ami! tu m'aimais alors, plûs qu'aujourdhui? Tu n'aurais pas volontiérs fait une abſence auſſi longue?... Mais elle est forcée, la tiénne, ét c'est ce qui m'en conſole... Tu t'écries: *O Fontlhèle, jadis heureux! qui ta ravi tous les biéns de la vie? Qui donc égara ta raiſon!...* Moi, moi, mon Ami, qui te rendrai une Epouse cherie, ét de plûs un Fils, que tu aimeras de toute ton âme? Un heureux amour te rendra tous les biéns qu'un malheureux amour t'avait ravis... Mais la fin, ô mon Ami: *Le 5 futur* (c'est aujourdhui);

je ferai moins malheureux ; car je n'aurai plus de corps!... Comment, plus de corps? ... Vous me lirez Hortenfe... Je te lis, chèr Epoux ; fois heureux!... Mais moi, je ne le suis pas. Tu manques à mon bonheur.

VI.me LETTRE.

D. m. T. 6 Fevrier.

QUELLE nuit affreuse ! Un fonge... un fonge horrible, vient de me montrer Hortenfe éplorée, au-desespoir, me demandant un fecours, que je ne pouvais lui porter!... —O vous ! (me disait-elle), qui m'avez offert votre cœur, voulez-vous m'y donner un azile contre le malheur qui me pourfuit-! Je voulais agir, me lever, voler à vous... Mes forces épuisées ne me le permettaient pas... ma langue glacée ne pouvait prononcer un mot..... Je me suis éveillé souffrant...... Le germe de la mort se develope dans mon sein... Hâ! s'il est uni au desespoir, son activité sera double !.....

Calmons ces funestes idées... Rappelons-nous ce que j'étais, il y a deux ans. C'était le troisième jour de notre connaissance. Je m'éveillai plein de votre idée. Mon cœur nageait dans une joie vague, mais delicieuse... Une esperance incertaine, mais que l'experience, ét l'exemple d'Autrui semblaient soutenir, me montrait Hortenſe, belle, adorée, tendre...

Je me rappèle qu'en me levant, je formais des projets, ét que je les crus d'une execution facile. Leur base s'écroula dans la même journée. J'eûs le bonheur de dîner avec vous, chéz un Ami commun, ét le malheur de perdre une illuſion temeraire. Je n'en fus point affligé; l'amour-propre me conſola: d'autres chimères ſuccedèrent; je fus moins audacieux, ét plus tendre....

Il y a un an.... Hâ! je n'étais plus avantageux... Je savais alors que vous aviéz des principes adorables; que vous étiéz une Femme unique, ét qu'il falait vous vénerer, comme la Vertu même. C'est il y a un an, qu'étant alé voir une Famille infortunée, dont On m'avait parlé la veille, je la trouvai heureuse, conſolée. J'éprouvai un ſentiment de triſteſſe ét d'humiliation de ce qu'On m'avait prévenu... Je m'informai?... C'était vous... Mon cœur se dilata, ét, dans un élan de joie, je m'écriai: —Hâ! quel bonheur! j'ai eü la même pensée qu'elle!... Mais elle vaut mieux que moi, ét il était juste qu'elle eût le merite, dont je suis moins digne-! ... Ce moment fut un des plüs heureux de ma vie.

Je ne sais que d'aujourdhui, par ce bon Père-de-famille, que vous futes instruite ce soir-même de ma concurrence, ét que vous en futes flatée... Dieu! que n'ai-je sû plütôt que vous aviéz été flatée d'avoir quelque-chose de commun avec moi! Oui, je crois que cette pensée m'aurait donné la force de supporter la vie?... Hé-bién, Hortense, elle adoucira l'idée de la mort....

Et dans un an, quand vous liréz cette Lettre, que vous y verréz ces trois époques, vous diréz : *Depuîs le premiér instant que Fontlhète m'a vue, il n'a respiré que pour moi!...* Hô! dans un an, où serai-je? Où sera le belle Hortense? ét que pensera-t-elle alors de moi?...

P.-S. *J'ajoute à cette Lettre, Madame, un postscripton que mon Ami n'a pas eü le temps* d'écrire. Vous savéz comme j'ai toujours été lié avec Fontlhète? Ainsi, je connais toutes ses pensées. Ce que vous lui marquéz, dans votre dernière Reponse, m'engage à vous repliquer, Que la Terre de Meûlant peut être vendue, si vous le jugéz à-propos, ét que vous le croyiéz avantageux : En-consequence, votre Mari vous envoye en blanc sa procuration, que vous feréz remplir par qui vous voudréz.

Quant aux cinq Lettres que vous avéz deja reçues, vous avéz raison de les regarder comme une effervesçence d'imaginaçion : Quoique vraies au fond, elles ne sont que la preuve de l'assiète d'esprit agreable de votre chèr Epoux. Je vous préviens que vous n'y êtes pas! ét que les choses singulières qu'il doit vous ecrire, par la suite, vous pouveront encore mieux cette assiète tranquile dans laquelle vous le trouvez. Je vous présente l'assurance de mon respect, Madame.

    Le Président DELABRIFFE.

REPONSE A LA VIme LETTRE.

     22 Fevriér.

MAIS, chër Mari, ton absence es bién longue, ét bién penible! Voila près de six mois que tu es parti?... O mon Ami! ta Lettre est trop tendre! hâ! beaucoup trop... pour Un Epoux cheri, qui ne reviént pas!... Je conserve précieusement tes Lettres. Si notre Fils les voit un-jour, il saura combien son Père aima sa Mère; ét combien sa Mère aima son chër Fontlhète!... Je ne veux pas qu'il soit Président: Il sera militaire, ét portera le nom de *Comte Hortense-de-Fontlhète:* Car je me souviens, que ce qui te donna tant de chagrin, ce fut le mot dit à mad. *de-Marigni*, que j'aimais ce chër Comte. Tu te pris pour un Rival!... Hé pouvais-je aimer Un-autre que Toi? Tu m'avais plu avant mon mariage, avant de m'avoir parlé. Tu n'étais point fat, comme tes Pareils; ét malgré ma repugnance pour la Robe, mon goût pour le titre des Marquis, je t'aurais préféré à m. de-Chazù, si tu te fusses présenté.

Mad. *De-Beauchamois* voit tes Lettres, ainsi que mad. *de-Marigni*. Tu sais comme elle est charmante, cette celeste Beauchamois! Sa taille souple donnerait des desirs à la Froideur même... Je te ferai quelques-unes des histoires naïves qu'elle nous raconte quelquefois, de sa jeunesse, ét des comencemens de son mariage. Je te parlerai auſſi de Mad. *de-Marigni*, à laquelle il est arivé des choses aſſez ſingulières...

Ton Fils se porte bién. Les soins maternels sont les mêmes, que ſi l'Être-Suprême t'avait fait renaître, Moi le sachant, ét que je fuſſe ta Mère.

A demain, mon Ami. Car *Adieu* est un mot qui ne terminera jamais aucu'une des Lettres que je t'écrirai. Toute à Toi. Ta *Femme* ét ton *Amie*, HORTENSE-DE-B.

VII.me LETTRE.

D. m. T.   7 Fevriér.

Il y a deux ans qu'à pareil jour la ſituation de mon âme était bién differente!...

Je suis à la campagne. Je m'y complais; Ma douleur y est moins amère, ét plüs tendre. J'y fais travailler à ma derniére demeure... Je vous quitte. On m'interrompt, malgré mes ordres, donnés ſans exception.... Juste Ciel! qu'entens-je? c'est... Vous !.............

Qui me l'eût dit, il y a deux ans?..... Hâ! mon sort était de mourir pour vous? je serais mort de joie!... *Vous êtes libre?... Vous m'offréz votre main?... Vous* m'avez toujours aimé ?... Le devoir, le seul devoir vous a fait desirer et craindre de tendres sentimens !........ Suspens ton cours, fleuve de volupté ? ou ton impetuosité va detruire ma frêle existance ?... Hâ! que n'ai-je connu mon bonheur un jour plutôt !... J'ai donc des regrets... des regrets dechirans ? J'ai borné moi-même le cours d'une vie destinée au bonheur? Homme temeraire, qui t'ès arrogé les droits de la Nature et de la Divinité. était-ce à toi de porter une main sacrilége, sur l'existance que tu tiens de l'Être-principe, par ses deux Intermediaires, le Soleil-père et la Terre-mère? Insensé! au moment où ta vue bornée ne voit qu'un abîme sans fond, l'Ordre éternel moral était prêt à t'ouvrir un longue carrière de bonheur!... J'ai violé les loix de la Nature, qui veut que tout Être-animé aime sa conservation, et j'en suis puni, puni cruellement!..... Hortense? je vous ai parlé froidement: j'ai accepté le bonheur offert par vous, avec l'apparence de la tranquilité? hâ! c'est qu'il falait cacher l'affreux desespoir d'avoir inconfiderément detruit ma felicité suprême... Quelques mois de langueurs, c'est tout ce que mon crime me laiffe; aulieu d'un bonheur qui eût embelli toute ma vie... Pleuréz... hâ! pleuréz, mes ïeux! ce n'est plus ici le cas d'avoir de la fermeté, de la philosofie; il faut montrer toute ma faibleffe et toute ma douleur....

Il y a deux ans que je vous vis brillante, parée. Je penfais: *Qu'elle est belle!... Elle me préfervera de l'amour.....*

Il y a un an, je vous vis avec douleur; Et je penfai: *Elle ne fera jamais à moi, Celle que je puis feule aimer, et qui me ravit hïer une bonne action.....*

Aujourdhui, vous êtes libre : Vous venéz me trouver à la campagne, et m'offrir votre main, votre Perfone.... Hortenfe? ma chère, mon adorable Amie? fens tout ce que je dois souffrir, en songeant que j'ai succombé à mon desespoir, à l'instant où tu étais à ma porte?... Hâ! pardonne à l'amour? Si je ne t'avais pas aimée plûsque moi-même, j'existerais entièrement... Mais serais-je digne de toi? T'aurai-je aimée, fi, en perdant l'espoir, j'avais pu supporter la vie ?... Non, mon Hortenfe.. non, mon Epouse, je ne suis pas un suicide... Non, je n'ai pas commis un crime odieux ét lâche : la douleur me fuffoquait ; je ne serais plus : j'ai prolongé ma vie, par le remède falutaire ét terrible que j'ai pris. Je n'avais plus que quelques heures à vivre ;.... ce facrifice volontaire m'a calmé ; la certitude de périr lentement, a éloigné la mort inftante, qui ne voulait pas de delai......

Tu liras cette Lettre dans un an, ô mon Epouse, ét tu la liras... en mon abfence... Laiffe attendrir ton cœur, ét couler tes larmes; elles te conferveront la vie. Je vivrai dans ton cœur ét dans ton souvenir... Hâ! je ne serai veritablement, ét tout-entier dans le Tombeau, que lorsque tu auras ceffé d'animer ton beau corps........

REPONSE A LA VII.me LETTRE.

23 fevriér.

CHER Epoux! fi quelque-chose peut dedomager de ta présence, ce font tes Lettres. Tu viéns de me rendre le plüs heureux moment de ma vie, en me rappelant ma visite à ta campagne, l'offre et l'acceptation de tout moi-même ? Durant quelques minutes, je me suis crue à cet instant fortuné..... Mais qu'ajoutes-tu, chër Mari ? A cet épanouiſſement, a succedé un reſſerrement d'horreur, dont toute ma raison suffisait à-peine à me garantir... Tu compares toutes les époques; tu te montres trois-fois dans une seule Lettre... et tu repans une lueur ſombre sur une quatrième, qui me conſole, en me montrant l'adreſſe qui avait surchargé d'un nuage les deux autres... Cependant, je ne ſais quelle pesanteur m'accable et me glace..... Ton Ami *Delabriſſe* te parlera d'affaires. Celle de la vente de *Meulant* est terminée.

VIIIme LETTRE.

D. m. T. *Florence.* 8 Fevriér.

Qu'ILS sont lents, ces préparatifs qu'accelère l'amour le plûs tendre ! Quand On n'a pas un an à vivre, un jour en vaut plûs de 366... O bonheur, avant la mort, tu rempliras quelques-uns de ces jours énormes, où l'on verra une feconde-fois *Titon* revieillir rapidement dans les bras de l'*Aurore*!... Je fuspens mes douleurs, par ces froids calculs; ils ralentiffent la devorante ardeur de mon fang....

Hô! que j'étais bien differemment affecté, il y a deux ans!... Je vous adorais; mais je croyais que ma vie s'écoulerait paisiblement à vous adorer. Vous vous rappeléz comme je parus brillant de joie, dans la Maison où nous nous rencontrames?... Vous étiéz pour Moi l'annonce du bonheur, ét le plus heureux des augures: hâ! c'était la vérité.

L'an paffé, j'alai vous dire: —Madame ... avanhiër, nous avons eü la même penfée, vous ét Moi-... Vous me regardates, fans Me demander un mot d'explication. Et Moi, je fentis un mouvement de joie, de ce que nous avions tous-deux, au même instant, penfé la même chose....

Aujourdhui, Hortenfe, je viéns de vous voir: Vous êtes dans la Piéce à-côté de celle où j'écris. Vous y préparéz notre Mariage:... Vous vous occupéz de Moi:... Vous cherchéz à vous diffimuler une melancolie, qui vous paraît la suite de mes anciénnes douleurs....

Hâ! ma belle, ma ravissante Amie! ne croyéz pas, dans un an, lorsque je ne serai plus, que cette douleur, cette melancolie, soient causées par la certitude de la briéveté de mon bonheur! Un autre motif me force à me moderer, à retenir les élans de ma sensibilité; à vous cacher l'excès de ma brûlante tendresse! Je veux, en vous déguisant les trois quarts de mon amour, prévenir vos regrets, à l'instant fatal;... ét ne vous reveler à quel point je vous aimai, qu'au moment où mon âme degagée, voltigeant autour de vous, pourra, j'ose m'en flater, calmer votre desespoir... Voi moi, chère Épouse, à l'instant où tu lis cette Lettre (car mon âme degagée plâne audessus de Toi); voi moi te considerer avec une volupté pure ?.... Et ne va pas la troubler, quand tu seras instruite, par une douleur trop vive, que je partagerais, sans pouvoir ni parler, ni pleurer. Ton bonheur, vivante, fera le mién, après ma decorporation..... A demain, chère Épouse.

RÉPONSE A LA VIIL.me LETTRE.

24 Février.

Quel langage, que celui de tes Lettres !... Mais c'est bién ta main qui les a tracées... Oui... c'est-là ton écriture... ce l'est bién.... Sans mon Fils, je partirais pour Florence... ét je partirai peutêtre avec mon Fils.... Tu mêles au charme de tes peintures, le clair-obscur de la douleur.... Homme cheri ! je sais que tu ne veux que me donner du plaisir : Mais je t'en conjure ? menage ma sensibilité dans la peinture de tes douleurs passées !... Tu les peins de manière à me les rendre comme présentes............

En me parlant des préparatifs de notre mariage, tu m'as abreuvée de joie ét de félicité... Un instant après, j'ai senti la sombre horreur des Tombeaux.... Ce contraste peut plaîre dans *Young*; mais il effraie dans la Lettre d'un chér Mari.

Un instant après, tu me reportes à deux ans... Hô ! ici, le charme est pur... Je t'aimais, il y a deux ans, comme tu m'aimais, ét loin de la pensée importune, *Si je pouvais l'aimer sans crîme ?*... Je me livrais toute-entière à ce charme, sans le bién discerner... Mais je veux égayer cette Lettre trop sérieuse.

Mad. De-Beauchamois nous a conté les détails de sa parfaite innocence, de son effroi, de la confusion de ses idées; lorsque sa Grand'mère (elle avait perdu sa Mère dès le berceau), lui eût annoncé, que non-seulement elle coucherait avec un Mari; ce qui deja la chagrinait; mais qu'il lui ferait des demandes, auxquelles son devoir était de se soumetre, quelqu'étonnantes qu'elles pussent lui paraître. Ce moment commença son supplice. Mais combien ce supplice augmenta, lorsqu'elle se trouva seule, dans un lit, à-côté d'Un Mari, qu'elle n'avait vu que 3-fois avant d'en être épousée !... Elle avait cependant des sujets de consolation, qui auraient fait sur elle une vive impression, s'ils lui avaient été connus. —Ma Fille, lui disait-on, de la patience, de la soumission, avec votre Nouvel-époux ! —O Maman, je sais bien ce que c'est qu'un Mari, peutêtre !... Combien de fois n'en a t-il pas été question, au Couvent, dans nos causètes particulières, entre les D.lles *de-Chamborant*, *Puysegür*. la Princesse de *de-Montbarey*, M.lle *Septimanie*, fille du Duc *de-Richelieu*, ét *moi* ? Un Mari se couche auprès de vous : vous vous touchéz de côté: vous *dorméz* enſemble ; il vous échauffe ; ét ça vous fait un Enfant ,,.... De nouveaux cris ſuccedèrent à ce discours.... Maman ? ... ma chère Maman ? Il me tue... Il m'étouffe... Il me...... C'était le Marin Beauchamois, qui devenait ſon Mari...... Mais il faut entendre ce recit de sa bouche... Il n'y eût jamais rién au Monde de plüs agreable, ni de plüs decemment raconté... Dans la nuit, elle eût besoin de ſe moucher. Elle trouva sous sa main quelquechose ; elle l'arracha, ét s'en ſervit. —Que faites-vous donc, Madame ? —Hâ ! vous êtes-là, Monſieur ? je vous avais oublié... ét j'ai pris votre bonnet-de-nuit pour mon mouchoir-...

IXme LETTRE.

D. m. T. 9 Fevriér.

Tout est est prêt : dans une heure, je vais à l'autel, pour devenir l'Époux d'Hortenſe.... L'Époux d'Hortenſe !... Je ne puis ôter ma penſée de sur ce mot : Je ne puis cesser de l'écrire, qu'en m'arrêtant !

... L'Époux d'Hortense?... l'Époux de la belle, de la celeste Hortense?...... Je n'écrirais que ces deux mots; je les écrirais toute ma vie, s'il ne falait cesser, pour les realiser....

Qui m'eût dit, il y a deux ans, lorsque vous considerant comme une belle Fleur dans un parterre grillagé de fer, herissé de pointes, qui m'eût dit, qu'à pareil jour, après deux revolutions annuelles, je serais l'Époux d'Hortense?....

Épouse adorée! à pareil jour, à pareille heure, l'année précedente, je m'abreuvais de douleur et de desespoir... J'ouvre le confident de mes pensées, ce *Livre de Loch* de ma vie tempêteuse, où sont deposés tous mes secrets, et j'y vois écrits ces mots, qu'effaçaient mes larmes... *Je suis odieux à Hortense: Mon amour, qu'elle voit, me rend insupportable... Mourons......* Quoi! entre le desespoir et la mort, il devait y avoir un instant.... sublime?

Dans un an, le bonheur actuel sera, par un delicieux souvenir, ma seule existance. Tu liras, mon Hortense, tu liras cet élan d'amour, et tu penseras : *Mon Époux est* là, dégage des liens du corps!... Sa pensée, (car l'âme n'est que la pensée); tout luimême, n'existe, en ce moment, que par l'idée conservée du jour passé, il y a un an.

Hortense? je quitte la plume, pour aler au bonheur...

REPONSE A LA IX.me LETTRE.

25 fevriér.

Tu me retraces le bonheur, ét un sombre sentiment abbat mon âme... Je n'aime point à voir la tiénne sans corps! Je me souviens de ce que tu me disais, ce jour-même de notre bonheur: *Hortense! ma chère Hortense! ta celeste figure est la seule qui soit de Femme pour moi. Toutes les Autres sont des Êtres inanimés, des Choses, et non pas des Persones. Mon Hortense est toute âme: Dans ses ieux est la volupté: le plaisir est dans son ris delicieux; et le bonheur resulte de tous sés attraits...* Il existe encore un Infortuné, comme je l'étais; c'est un Homme sensible ét pauvre, amoureux, comme je l'étais, d'une Femme mariée. Il l'adore, et ne lui a jamais parlé... (Hâ! quelquechose qu'il souffre, qu'il ne lui parle pas! il deviendrait malheureux, comme je l'ai été!)

Elle se nomme mad. Filon. J'ai voulu la voir. Pour être ainsi aimée, il faut avoir votre tâille, votre demarche, votre pied, votre jambe, votre gorge, votre main, votre bouche, vos lèvres, votre néz, vos ïeux, vos fourcils, vos cheveux, toute votre figure, avec ce fourire charmant... Elle a tout-cela; ou dumoins de toutes les Femmes, c'est celle qui approche le plus d'Hortenfe... Quel charme a donc cette figure-là, cette tâille-là, entre la moyénne et la grande?..... Hâ! c'est l'âme qui l'a donnée, qui l'a formée, qui rend cette figure irresistible!.... Malheur à qui aime envain, l'âme revêtue de cette figure!..........

Et voila, Fontlhète, comme je penfe, pour ta figure! Juge fi je me complais à l'idée d'en voir ton âme depouillée?

Mad. DE-Marigni est venue me voir. Je lui ai demandé, Si elle ne serait pas la Belle que tu me nommes, *mad. Filon?* —Non (m'a-t-elle dit); quoique nous ayions aſſéz de traits l'Une de l'autre, pour être priſes pour les deux Sœurs: ce n'est pas moi. —C'est donc la Comteſſe DE-Beauchamois? —Non. —Mais, à la manière dont vous repondéz, *Non*: l'On dirait que vous connaiſſéz

connaiſſéz ma Reſſemblance? —Oui: M. De-Fontlhète m'en ayant une-fois parlé, je voulus la voir, ainſi que son Amant. Il m'indiqua la demeure de Celui-ci, alors bién malheureux, puisqu'il est pauvre, ét le plüs âgé. Je lui écrivis un mot: Cet Infortuné vint: Nous montames dans ma voiture, ét nous alames chéz sa Belle, Horlogère de la ruë *Honoré*, à laquelle il n'avait jamais parlé, qui ne le connaiſſait que de vuë, encore parcequ'Un Indiscrèt lui avait dit, que c'était-là Un de ses Admirateurs. Je fus moi-même étonnée de la reſſemblance dans les moindres traits, dans les moindres mouvemens!... Elle a jusqu'à ce petit ſigne à la joue gaûche, qui vous donne tant d'agrément!.... Je lui dis: —Hé! comment donc, ma chère Marquise? avéz-vous changé d'état-?.., La Belle rougit, ét d'un ſon de voix toutſemblable au vôtre, me repondit: —Je ne suis point Marquise, Madame; ét mon état est celui que vous voyéz. —Cela n'est pas poſſible! vous êtes *Hortenſe de-Beauchamois, marquise de-Chazù-?* La Belle ſourit, ét vous reſſembla davantage encore: —Je me nomme *Filète-Dumas*-... Je lui ai fait beaucoup de careſſes (continue MAD. DE-Marigni), et je vais chercher les occasions de faire obliger son Mari....... Quant à l'Amant, homme de merite, l'explication qu'il a eüe avec sa Maîtreſſe, a été toute différente de ce que j'attendais! Il lui a demandé le nom et l'origine de ſa Mère? Elle a repondu. ʺConnaiſſéz-vous ſon écriture? (a-t-il ajouté). ʺParfaitement. ʺLiſéz cette Lettre ʺ... Filète a lu, puis relu; elle a rougi: Et la rendant, elle a dit: ʺHâ! Monſieur!... Mais je ne doute pas; je ne ſaurais douter... Ma Mère m'a dit la même chose... Je ne m'étonne plus de ce que ſon Mari m'a ſacrifiée... Madame... (s'adreſſant à moi). vous m'avéz amené mon Père ʺ... Elle lui a baiſé la main. Il l'a preſſée dans ſes bras-........

Voila, chër Mari, la petite distraction qu'Une tendre Amie viént de me procurer. Je vais me hâter de voir auſſi FILÈTE.

Xme LETTRE.

D. m. T.   10 Fevriér.

FELICITÉ ſuprème! je viéns de te connaître!... Hâ! pour te goûter, que n'ai-je une double existance?... Hélas! et la mienne n'est pas entière?... Je sors des bras de ma Divinité. (On l'est, quand On dispense le bonheur)... Laisse-moi, mon Hortense, me livrer au doux égarement, à l'ivresse delicieuse, au delire persuasif qui m'inmortalise, et m'élève au rang des Dieux?... *Alcide* mourant, n'en était pas moins le grand, l'inmortel *Alcide*; la mort n'était pour lui que le depouillement d'une envelope grossière......

Divine, celeste *Hébé!* tu m'as ranimé? oui, par une crise heureuse, je ne sens plus l'affaiblissement progressif, qui me conduit à pas lents vers le terme.... Une émotion aussi vive que la mienne, peut changer la nature?... Je l'espère, je le crois, parceque je le sens....

Je ne te rappèle l'époque de deux années, que pour me feliciter... Comme j'étais épris, il y a deux ans?.... j'étais sans esperance certaine... mais je ne desesperais pas non plus...

Époque terrible, d'une année! A pareil jour, pour la première-fois, la funesste idée me vint.... C'est un songe pénible, ét je m'éveille....

Dans un an, Hortenfe, je te tiendrai dans mes bras : je te montrerai ces Lettres, monument de desefpoir... Des larmes de tendreffe ét de confolation couleront de tes beaux ieux, inonderont tes joues, ét jufqu'à ton sein, encore humide de la rosée de la volupté... Plus, plus de triftefle... Nous vieillirons enfemble. Un fils, gage de notre amour...

Je t'entens : je vole à Toi.

REPONSE A LA X.me LETTRE.

26 revriêr.

DOUCE esperance! tu viens donc me ranimer ? Hô ! que cette Lettre est confolante ! Elle diffipe tous les nuages ! *Dans un an, Hortenfe, je te tiendrai dans mes bras ; nous vieillirons enfemble...* Baume de la confolation, tu coules dans mes veines, ét mon Époux me confole, sans me dire ; *Je vais te confoler...*

Dans ma joie, j'ai été voir Filète, ce matin à onze heures, avec son Père. Si je ne craignais de me louer moi-même, je la louerais... Jamais reſſemblance ne fut auſſi parfaite!... Mad. DE-Marignì était avec nous. Cette visite l'a reconciliée, je ne dirai pas avec la belle, mais avec la tout-aimable Horlogère : car Celle-ci avait cru que la Marquise de-Marignì avait voulu s'amuser. Pour moi, ravie, enchantée, j'ai dit à Filète, —Si vous étiéz fille, nous deviéndrions inſeparables, de ce moment? —Ce ſerait un bonheur pour moi, Madame-. Et comme ma Compagne s'était nommée, que son nom es très-connu, mon aimable Reſſemblance était dans le raviſſement!... Je l'ai demandée à son Mari, pour la journée? Il nous l'a accordée, avec beaucoup de politeſſe... Je n'ai pas voulu qu'elle fit de toilète : On la fera chéz nous : Elle aura ma double robe rose à dentelle d'argent; des brillans dans sa coïfure, qui sera comme la miénne, etc^a; ſurtout, nous aurons la même chauſſure, celle que tu aimes: Elle en sera un-peu plûs grande, ét elle aura plûs de majesté.

Depuis qu'elle est ici (car elle y est reſtée, avec la permiſſion de son Mari) nous lui fesons mille careffes, la Marquise de-Marigni, la jeune Comteffe de-Beauchamois ét Moi. Je lui ai dit: —Ma chère *Doublante?* il faut devenir amies? Je ne faurais vos dire, combién je vous aimerai... Aimez-moi auffi? —Comment pourrais-je m'y refuser, Madame? vous me combléz de tous les fentimens flatteurs? „J'ai un Fils: Avéz-vous auffi un Fils? „Oui, Madame. „ Hô! ils feront élevés enfemble, ét traités en fréres „. Ici, la jeune Dame s'est gliffée à mes genoux, ét j'ai vu toute la tendreffe de fon cœur dans ses beaux yeux... Je l'ai embraffée, ét retenue preffée contre mon cœur. „Mes Amies? (ai-je dit aux deux Dames), vous voyéz que c'est Une-autre-Moi-même?... aiméz-la autant que Moi? „Je vous l'ai donnée! (a repondu la Marquise). „Je la chérirai! (s'est écriée la jeune Comteffe).

On la parait.... Hô! comme elle a été jolie! Elle m'a donné de la vanité... Et je crois, mon Ami, que j'aurais eü de la jalousie, fi tu y avais été. Je lui dois un moment de *bien-aise* de ton abfence...... Il n'a pas duré... Nous l'avons menée au spectacle. Toutes mes Connaissances de loge, l'ont prise pour ma Sœur. On se le disait, ét une Dame fort jeune, ét fort timide, alors enceinte, m'a fait demander, Si nous étions jumelles?.... Mad. De-Marigni a dit que *Oui:* Ce qui nous a donné un joli mouvement; car Mad. Filète s'est jetée à son cou, ét l'a embrassée deux-fois.... Je n'ai jamais été plus heureuse que ce soir; si ce n'est avec toi. [*La suite dans une autre Lettre.*]

XI.me LETTRE.

D. m. T.   11 Fevriér.

Un doux repos, une jouissance complète de Moi-même, a donc suivi le desespoir ét l'horreur? Hâ! quand je n'obtiéndrais pas la vie, comme je l'espère; quand Hortense ne me donnerait pas l'immortalité, j'ai connu le bonheur; je n'aurai rién à reprocher à la Nature... Car elle ne peut être injuste à notre égard; elle nous doit la felicité, si la felicité est un bién.... A-moins que, par une sublime idée, l'Homme ne doive penser, qu'il est une portion de l'Être-principe, ét que son malheur même est l'effet du suprême Pouvoir du Tout sur la partie... Si je suis Dieu moi-même, je dois souffrir sans me plaindre : Si j'en suis separé, il me doit le bonheur... La 1re de ces deux alternatives seule doit être vraie.

Quoi ? je raisonne ?... Il y avait long-temps que je ne pouvais plus raisonner ! A deux années de ce beau jour, qui suit une nuit delicicieuse, je ne raisonnais plus ; je ne voyais que des fleurs, ét la belle Hortenfe leur reine, épanouie comme la rose.

A un an de ce beau jour, le second du renouvèlement de ma vie, je ne voyais plus que des peines, des douleurs, la privation, le desespoir... Hâ ! je crains bién de ne pas être Dieu ! je crains que l'Être-suprême ne m'ait departi le bonheur, pour être juste ?.... Cependant, à la perfection ineffable de ma felicité, je me crois plusqu'un homme. Non, un être frêle ét destructible ne saurait être aussi heureux que je le suis ! Il ne supporte-terait pas ces torrens de volupté, qui m'enivrent, ét m'élèvent audessus de toutes les Existances de la Nature ?......

Continuera-t-il, ce bonheur suprême? Dans une année, comment le sentirai-je? ... Hâ, Hortense! il augmente, depuis deux jours: s'il croît encore, il me dissoudra.... Hé! pourquoi parler, écrire, lorsqu'On est heureux? il faut jouir..... Je cesse: je vais me livrer à l'idée qui m'entraîne, *Je possède Hortense!*... Car depuis le 1er instant de notre union, la respiration de mon âme est la jouissance la plus pure... Si longtemps, elle ne respira que la douleur!

REPONSE A LA XI.me LETTRE.

26 fevriér.

QUELQUES craintes me sont revenues, en lisant ta XIme LETTRE... Il y a là quelque-chose... Si mon Époux malade s'était fait éloigner, pour que je ne le voye pas luter contre la mort?...... Chassons cette idée desesperante... On n'écrit pas aussi tendrement, aussi agréablement, alors qu'On se meurt. Filète me console. Elle a lu toutes tes Lettres. En les lui donnant, je lui ai dit: ,, Autre Moi-même, vous ne devéz rién ignorer,,... Elle les a lues. Puis elle m'a embrassée, en me retenant... un demi-quart-d'heure dans ses beaux bras. Car elle a le bras ét la main... *Comme Hortense*.... Tu vois que ce mot est de la Marquise...

J'ai dit à Filète : ,, Ma Sœur ? veux-tu me faire une promesse ? ,, Oui. ,, Bon : voila comme repond l'amitié... Si je mourais ; je voudrais qu'ici, habillée de mes habits, tu me représentasses, ét charmasses la douleur de mon Époux ,,. Ses ïeux deja humides, ont versé des larmes : Elle m'a de-nouveau pressée contre son beau sein, ,, Vo... ,, Hô ! tutoie-moi, ou je ne te tutoierai plus ? ,, Tu peux tout exiger; je me fais une loi, adorable Amie, de ne vouloir que par toi ,,... Hô ! comme elle m'a été chère !.... Je l'ai assise sur mes genoux. Elle n'y est pas restée. Elle m'a placée sur les siéns... Là, je lui ai detaillé comment, en pareil cas, elle arrangerait sa conduite... Comment elle agirait, dans les circonstances les plus delicates... Hô ! cela était charmant, ét la *Claire-d'Orbe* de *J.-J.-R.* n'aurait pas mieux fait... Il y avait cependant quelques soupirs de ne plus être au monde... Je voyais mon Fils grandi jouer avec le fién, qui est ici à demeure, ét elle auffi : Son Mari, auquel on procure de grands avantages, me l'a toute cedée... Hô ! que de choses il faut, pour s'étourdir sur l'abfence d'un Mari adoré !...

Voila mon Inclination : la Double de ton Épouse doit être adorée par ton Double, ét ton Double, c'est ton Épouse ellemême. Je veux, par un rafinement de delicateffe, que Celle qui reffemble parfaitement à ton Épouse, te foit fidelle, ét que son cœur, aulieu d'être rempli par un Homme, le soit non-feulement par une Femme, mais par Celle, qui ne fait qu'Un avec toi ; qu'elle t'aime, te cheriffe mediatement, en paffant par moi, pour que tout ce qui est Hortenfe DE-Beauchamois, ne respire que pour toi.

XII.me LETTRE.

D. m. T.   12 Fevriér.

FLEUVE du temps ! entraîne avec toi les fombres idées de la destruction ét de la mort, ét ne laiffe à l'heurenx Fontlhète que les fleurs qui bordent les rives éternelles!.... Je ne suis plus Moi: je suis un Être different de Celui qui, dans le lointain, à deux revolutions de celle-ci, soupirais après un bonheur inesperé.

Ce n'est plus l'Être malheureux, qui sentais en moi, l'autre année, des peines si cruëlles... Celui que je palpe aujourdhui, que je vois dans cette glasse, est rayonnant de bonheur, il a le teint fleuri: tous ses sens, pleins d'activité, savourent les faveurs d'Hortense... Il s'abreuve de l'ambrosie de l'inmortalité.

Dans un an... oui, je serai père... Hortense sera mère... Je serai le créateur d'un être formé formé de nous-deux! Elle lui aura donné le jour, et moi l'étincelle de la vie!... Je serai un Dieu, puisque j'aurai organisé un être vivant?...

Je ne veux plus écrire. Qu'ai-je besoin de monument? Je serai: Le monument sera mon cœur, tendre, sincère, devoué, adorateur. Non, je n'écrirai plus..........
Mais une pensée me vient: Qui transmettra l'excès de mon bonheur à la Postérité, si je ne le confie pas au papier?...

Hâ! ſi un-jour je perdais Hortenſe, ces Lettres, monument d'amour, de deſeſpoir ét de bonheur, ces Lettres deviéndraient le monument éternel de notre intereſſante avanture... J'écrirai. Après avoir adoré Hortenſe la plume à la main, j'irai chaque jour, comme en cet instant, realiser dans ses bras, ce que je viéndrai d'écrire.... Et-puis, je prépare des his‑toires, telles qu'on n'en a jamais écrites; parceque Perſone n'a eü occasion de re‑monter à la Source, comme je le fais.

REPONSE A LA XII.me LETTRE.

28 Fevriér.

JE paſſe de l'eſperance à la crainte, ét de la crainte à l'eſperance..... Mais, d'où-viént, chër Mari, ne me dis-tu plus un mot de ma Filète? de cette aimable Moi-même, qui me fait ſupporter ton abſen‑ce?... O Fontlhète! en ſerais-tu jaloux? Dis? comment faut-il que je l'aime? Ou faut-il que je ne l'aime plus?... Hêlas! l'autre Moi-même ne verra pas cette Let‑tre, dumoins aujourdhui.... Je ne te par‑lerai plus d'elle: je ne te raconterai pas la suite de notre amitié, que je ne connaisse tes sentimens pour elle. Car je ne veux t'écrire que des choses agreables, et que tu lises tout-entières avec plaîsir. Reponse à son sujet? M'aimes-tu toute-entière?

XIII.me LETTRE.

D. m. T.   23 Fevrier.

Je confondrai desormais toutes les époques : Il n'en est plus qu'une pour mon cœur; celle de la felicité...... Hortense ? te montrerai-je tout mon bonheur, ma divine Hortense ?... Non, non; sa durée n'est pas encore asséz certaine....

Dans tous nos entretiens par écrit, je ne te parlerai que du bonheur qui doit suivre la vie, et de la sincère union qui règne entre deux Ames séparées du corps, qui furent tendrement enlacées par l'amour. Je vais composer un Écrit, que j'intitulerais *L'ÉLISÉE*, si je lui donnais un titre. Là, je repandrai les riantes images qui se présentent quelquefois à mon esprit enchanté ! Je représenterai deux Amans Anglais, qui s'étaient longtemps aimés sans espérance ; qui avaient quitté leur pays, pour venir se marier à Naples, ét qui ne furent corporellement heureux que le dernièr jour de leur vie corporelle. La mort les moissonna tous-deux par un accident qui les empêcha de souffrir. Ils se tenaient embrassés, au comble de l'ivresse du bonheur : Un tremblement-de-terre, le soir de leur mariage, ébranle la maison, une poutre tombe, ét les écrase, sans qu'ils ayent le temps de pousser un cri. Le sentiment de la douleur, mêlé à celui du plaisir, n'eût pas le temps de les affecter : *Elles cessèrent de sentir, à l'instantmême où elles alaient souffrir.* Voila quelle fut leur mort,... ou plütôt leur renaissance pour une vie meilleure... Car, ô ma chère Hortense ! l'âme est inmortelle, puisqu'elle est divine ; elle vivra ; elle se souviéndra ; elle aimera ses Amis. Je connais une Femme charmante ét philosophe (Mad. *de-Beauchamois* ta parente), qui le desire, ét tout ce qu'elle desire doit être.

Reponse a la XIII.me Lettre.

1 Mars.

Je commence à entrevoir, chèr Mari,

que c'est une sorte de philosophie que tu as, qui te fait aimer à parler des Ames ét de leur union. Je me rappèle qu'en-effet, dans tous nos entretiéns, tu me parlais de cette union des Ames, tout en cheriſſant celle des corps; car celle-ci, quelque belle que ſoit l'autre, a pu seule produire mon Fils... Mon Ami? dis-moi ſincèrement, avec cette verité que tu as dans le caractère, Si Moi, qui suis femme, ét qui n'ai pas ta force d'esprit, je pourrais sans dangér, m'abandonner à ces idées, qu'On appèle *metaphysiques*, je crois, parcequ' elles ſont hors des limites visibles de la Nature? Peutêtre ne pourrais-je pas, sans dangér, les suivre avec une certaine continuité?... Dumoins, c'est l'opinion de Mad. De-Marigni, de Mad. De-Beauchamois, ét de ma Filète, ta 2de Femme; non que tu doives en avoir deux, mais parcequ'étant ma Reſſemblance, elle est Une autre Moi-même... J'aime cependant beaucoup le ſoin que tu prens d'égayer tout ce que tu me présentes... Hâ! quand te verrai-je?...

Filète me fait l'obſervation, que tu n'as

n'as pas encore la Lettre où je te parle d'elle. C'est la verité : je n'y penſais pas. Mais par la suite, tu pourras me dire ton ſentiment ſur ma Seconde.

XIV.me LETTRE.

D. m. T.   14 Fevriér.

Continuons l'histoire que j'ai comencée : Elle remplira mes Lettres à mon Épouſe cherie, quand je n'aurai pas de faits qui me ſoient perſonels.

Yfflasie ét Clarendon venaient d'expirer ſe tenant embraſſés. Le Destin lui-même ne peut jamais ſéparer Ceux qui meurent ainſi, dans l'épanouiſſement de l'amour ét de la procréation : c'est le plüs grand des bonheurs.... —Où suis-je ? (dit Yfflasie, comme ſi elle ſe fût éveillée d'un someil profond). —Je ne sais quoi viént de se paſſer (repondit *la tendre Clarendon*) ; mais tout mon être viént d'éprouver une grande secouſſe-!... *Elle* regardait Yfflasie :... Yfflasie *la* regardait. *Elles* ſe trouvaient plüs *belles*, plüs ſweltes, plüs legères, Clarendon voulut preſſer Yfflasie contre son cœur ; ét *elles* s'unirent si étroitement, que leurs existances étaient confondues; *elles* ne fesaient plus qu'une... Ce contact infiniment parfait, était delicieux ! Cependant Clarendon se dit en *elle-*même (et sa pensée fut celle d'Yfflasie): ,,Ne serais-je plus qu'une, ét, nouveau *Narcisse,* m'aimerais-je Moi-même ? ... Séparons-nous ?....... Et au même instant, *elles* furent séparées. ,,Hâ! nous sommes deux! Nous sommes bién deux,,! s'écrièrent-*elles* à-la-fois... Et *elles* se reünirent de-nouveau, avec un sentiment inexprimable de tendresse ét de bonheur...

Demain, ma celeste Épouse, demain, je te continuerai l'histoire d'Yfflasie ét Clarendon. Reçoi l'assurance de mes sentimens inmortels, ét surtout persuade-toi bién, que la mort n'est rién de mal, ét qu'elle nous ouvrira la porte du bonheur!

REPONSE A LA XIV. LETTRE.

2 Mars.

Soit, mon Ami, *la mort n'est rién de mal:* Je le crois, parceque tu le dis : Mais ma Filète, tendrement enlacée dans mes bras, ne veux pas le croire. ,,D'où-viént ne le crois-tu pas ? (lui ai-je dit)... Elle ne m'a rien repondu: Elle m'a preffée dans ses bras, contre son cœur; ses beaux ïeux se sont mouillés de larmes, ét elle a couru baiser mon Fils... Elle me touchait ét m'inquiétait tout-à-la-fois..... Elle ne te croit pas. Mais il est naturel qu'elle aime la vie, jeune, jolie, ayant un Fils, un Père homme de mérite ét nouvellement connu, une Amie qui la cherit.... Mes deux Amies ne croient pas non-plûs que la mort ne foit rién de mal. Mais Moi, qui sais que mon Époux a plûs de lumieres ét de connaiffances que tous les autres Hommes, je cherche plûtôt à le comprendre, qu'à me convaincre : car je suis convaincue, dès qu'il a parlé. Je ne m'atttacherai pas à convaincre mes deux Amies, la Marquise ét la Comtesse; elles ont plûs d'esprit que Moi : Mais pour ma Filète, qui en a autant, ét pas plûs que Moi, je veux abfolument la convaincre, pour que tout Moi-même le soit.., Voi, mon Ami, que je suis une Femme bién soumise ?... Continue-moi ton Yflasie ét Clarendon ? J'aimerai à t'entendre raconter les avantures qu'ont deux Amans après leur mort. Cela est neuf pour tout le Monde, ét très-interessant pour Moi, de ta part.

XV.me LETTRE.
D. m. T. 3 Mars.

YPFLASIE ét CLARENDON avaient senti le 1er moment de leur nouvelle existance à 5 heurses du soir. Jamais le ciel n'avait été si pur. *Elles* éprouvaient un bién-être inexprimable ; *elles* n'avaient ni froid ni chaud. *Elles* remarquèrent, après quelques instans, que leurs siéges disparaissaient de sous *elles* !... C'était un gros nuaqui venait de se resoudre en pluie. *Elles* decouvrirent un Globe sur lequel *elles* voulurent descendre. *Elles* y furent par un seul effet de leur volonté. C'était la Terre. *Elles* se trouvèrent en *Italie*, dans le même endroit où *elles* avaient peri. Tout était visible à leur vuë incorporelle ; mais *elles* étaient invisibles à tous les Corporés. *Elles* s'aperçurent qu'*elles* pouvaient passer à-travèrs des maisons et des corps, avec plûs de facilité qu'une vapeur legère : *elles* les penetraient, comme pénètre la chaleur ; mais sans y rester, comme celle-ci. *Elles* virent leurs anciénnes Connaissances dans la douleur : *Elles* voulurent leur parler. Mais quoiqu'Ysflasie vît ét entendit Clarendon; que Clarendon vît ét endit Ysflasie ; quoiqu'*elles* vîssent ét entendîssent les autres Êtres, *mortes comme elles*, ét dont la foule était innombrable, *elles* n'étaient pas *vues*; *elles* n'étaient pas *entendues* des Êtres corporés. *Elles* s'en aperçurent enfin, ét connurent leur nouvel état.

Le Soleil se coucha. *Elles* virent aussi clair qu'auparavant. *Elles* alèrent à l'ouverturent du *Vesuve*, ét l'extrême chaleur des Mineraux en fusion ne fut pas sensible pour *elles* *. Rién de materiel ne les pouvait plus affecter ; *elles* étaient impassibles, ét ne sentaient plus que l'impression des Ames sur leurs âmes...

A demain, mon Hortense cherie ! Je m'occupe avec plaisir de ces idées : elles nous sont necessaires à tous-deux.

---

* Ces *elles* se rapportent au mot *Ames*, par la raison qu'On verra dans la suite.

REPONSE A LA XV.ᵐᵉ LETTRE.

3 Mars.

Bon Mari: Je vois quel est ton but par ta dernière Lettre. Ce n'est plus avec des raisonnemens que tu veux prouver que la mort n'est rien; c'est par des faits. Je me prête avec plaisir à cette idée, qui tend à éterniser notre heureuse union. Je suis même parvenue à la faire goûter à ma Filète. Quant à mes deux Amies, elles m'ont assuré qu'elles seraient, avec plaisir, du même avis que Moi... Me voila donc tranquile de ce côté-là.

Je suis ici l'objet d'attentions continuelles. Si quelque-chose pouvait dedomager de la présence d'un Mari que j'adore, je le serais: Ma Filète est aux petits soins, et je les lui rens: mes deux Amies m'enchaînent à leurs amusemens, autant que mon état de Nourrice me le permet.

Quant aux affaires, elles sont fort bien faites par le Président ton Ami. Je suis donc tranquile; ou si j'ai quelquefois des craintes, des incertitudes, elles disparaissent à la vue d'une Lettre, où je reconnais ta main et ton écriture... J'ai pourtant quelquefois une faibleſſe; c'eſt de comparer une Lettre à l'autre; et toutes-deux à des écritures que je t'ai vu faire: cela me tranquiliſe.

XVI. LETTRE.

D. m. T.   16 Fevrier.

Lorsqu'Yſſaſie et Clarendon ſe furent aperçues que le feu le plus ardent ne les brûlait pas, et que les neiges éternelles de l'Ætna ne diminuaient en rien la douce temperature qui les environnait, elles deſirèrent d'aler au pôle arctique, et elles s'y trouvèrent tranſportées, ſans preſque s'apercevoir de l'eſpace, quoiqu'elles viſſent les differens pays ſur lesquels elles paſaient. C'était notre été: Elles virent le Soleil tourner horizontalement autour du pôle glacé, ſans hauſſer, ni baiſſer. Elles virent des montagnes de glace ſe ſeparer de la maſſe horrible à laquelle elle adheraient, floter enſuite, pouſſées par le vent, cauſé par la dilatation de l'air, qu'occaſionnait continûment la préſence non-interrompue du Soleil, ſur une atmoſphère condenſée pendant neuf mois entiers d'un froid incalculable pour nous. Elles suivirent ces montagnes. Elles vinrent jusqu'à des Pays demi-temperés, au 70me degré. Elles les virent toucher là; des *Ours-blancs* sautèrent dessus, pour attraper du Poisson dans leurs gerçures, ét debarquer sur des plages plüs temperées, où ils portèrent le ravage.ét la destruction ; puis, avec un instinct admirable, ils se rembarquèrent, lorsque la direction du vent parut vouloir éloigner les glaçons vecteurs.

Elles voulurent voir l'autre pôle. Un desir les y transporta. Elles traversèrent le Globe entier, voyant tout distinctement: En Europe, l'ambicion, l'égoïsme rendant les Hommes malheureux : En *Turquie*, la double Superstition Grecque ét Mahometane, aussi folles l'une que l'autre ; En *Afrique*, un *Tigre-Asinal*, ou de la grosseur d'un Ane, devorant un *Nègre* ; plüs loin, un *Serpent-Geant*, étouffant dans ses vastes replis une *Femme-enceinte*, qu'il entourait, puis la couvrant de bave, pour l'avaler : A *O-Taïti*, un Roi se gorgeant devant ses Sujets affamés : Sur la *Nouvelle-Hollande*, des Sauvages assommant des
Colons

Colons Anglais de *Botany-bay*, ét les mangeaient rôtis....

Arrivés sous le Pôle, elles ne virent plus le Soleil; la Nature languissante, par l'absence de son Animateur, paraissait morte à-jamais. Des ténèbres éternelles; ni lumière, ni chaleur, ni mouvement!......
Yfflasie ét Clarendon n'en étaient pas moins agiles, ét n'en respiraient pas un air moins doux.

Elles parcoururent le Globe : Elles voulurent voir tous les Continens, toutes les Iles... Quelle volupté! elles visitaient la Terre, avec plus de facilité, qu'un Bourgeois de Paris ne *spacie* son petit Jardin sablé, planté de quatre Tilleuls en éventails, d'un Lilas, ét de deux Rosiers. Elles prirent une idée juste de toutes les Nations.

Elles commencèrent par le Pôle *antarctique* ét ses Iles. Elles virent celles des *Amis*, *O-Taïti*, la *Nouvelle-Calédonie*, la *Nouvelle-Hollande*, les *Nouvelles-Hébrides*. Elles trouvèrent dans ces contrées des Êtres de toutes les espéces, moitié hommes, moitié brutes, ét tels qu'autrefois on en vit

I Volume. D

dans la *Grèce* primitive, nouvellement sortie de sous les eaux.

Elles vinrent ensuite sous l'Équateur: Elles visitèrent l'*Afrique*, et tous ses Peuples-Noirs, dont la barbarie et le malheur les étonnèrent!... Hô! qu'elles eûrent pitié des Vivans, quand elles les virent souffrans, mutilés, pilés dans un mortier, détaillés à la boucherie, vendus pour l'esclavage! quand elles les virent enchaînés sur des vaisseaux, mis à fond-de-cale, perissant de mauvais-air et de vermine... Hô! comme elles s'applaudirent d'être nées en *Europe*, chez une Nation policée! d'être enfin, par une heureuse mort, délivrées de toutes les peines, des vicissitudes de la vie!... —Mais notre heureux état durera-t-il (demanda la timide Clarendon à la belle Yfflasie? (car ce sont les Ames mâles, qui ont, après leur dégagement, cette timidité touchante, qui caracterise ici les Femmes)? —Je le crois? (répondit la prudente Yfflasie: mais il faudra consulter les Anciens de notre nouveau Monde-.

Voila une longue Lettre, ma belle, ma

chère Hortenſe!.... Puiſſent ces idées,
lorſque tu les liras. t'amuſer ét te diſtraire!
(D'une autre main, qui voulait imiter l'écriture).

Mille tendres choſes à ta belle Filète.
Mes reſpects aux deux Amies d'Hortenſe.

RÉPONSE A LA XVIme LETTRE.

4. Mars.

JE lis avec interêt, je devore toutes tes
Lettres: Et ce qui redouble mon attachement pour ma Filète, dont tu me
parles enfin, c'est qu'elle les devore comme moi... Elle m'a dit ce matin: ,,Je ne
ſaurais t'exprimer, ma Sœur, combien
cette autre vie me plaît ét m'amuſe?...
Mais c'est que ton Mari préſente ces
choſes-là ſi gaîment, avec tant de grâces,
qu'il en donnerait envie, ſi cet état de
Liberté ne venait pas de lui-même, ſans
que nous y travaillions? ,,Oui (Lui ai-
je répondu): Mais je crois que pour en
ſentir tout le charme, il faut mourir jeune?,,Hô que non! (m'a-t-elle répondu); il faut mourir tranquile, joyeux,
s'il est poſſible, tout au moins ſans chagrin;
et alors on est parfaitement heureux...

D 2

Cette réponse est très-spirituelle, et je l'ai sentie. Aussi est ce moi qui me la suis faite à moi-même..... Filète a lu avec transport l'apostille qui la regarde... Tu l'as écrit après-coup, chër Mari : tu t'es reproché de n'avoir encore rien dit à cette angelique Filète.

XVIIme LETTRE.

D. m. T.   17 Fevriér.

LES deux Ames amantes Ysfasie et Clarendon, cherchèrent à se lier avec d'anciénnes *Ombres* (passéz-moi ce terme, mon Hortense : il n'a pas ici la même signification, que dans les Poëtes Grëcs ét Latins) : Elles ne voulaient pas moins trouver que celles d'*Adam*, d'*Abël*, de *Noé*, d'*Abraham*, de *Jacob*, de *Moïse*, de *David*, de *Salomon*!... Rién! L'histoire juive les avait trompées, sur l'existance de ces Personnages!... Elles demandèrent *Homère*... Elles cherchèrent *Orphée*... un des *Hercules*... Rién! Ces Ombres anciénnes n'habitaient plus le climat où elles avaient autrefois vêcu... Elles s'informèrent de *Lycurgue*, de *Solon*, de *So-*

crate, de *Demosthène?*... On avait entendu parler d'eux ; mais ils n'étaient connus parmi les Ames, que par tradition, comme sur la Terre.

Elles se rabatirent alors à demander *Virgile, Ciceron*, ét même *Cesar?* l'heureux *Octave*, son Fils adoptif, qui devait encore être très-celèbre parmi les Ames? Mais elles ne purent les rencontrer; ét encore moins *Horace* ét *Lydie, Tibulle* ét *Delie; Catulle* ét *Lesbie*, ni *Ovide*, ni sa *Julie!*... Surprises, affligées, Ysflasie ét Clarendon se dirent l'Une à l'Autre? „ Les Ames sont-elles donc mortelles ?.....

Cependant, elles ne se découragèrent pas... Elles cherchèrent *Titus, Trajan, Epictète, Antonin, Marc-Aurèle, Constantin*, le sublime *Julién? Théodose?*... Elles parlèrent d'*Augustin*, de *Jerome*... Enfin, elles vinrent à *Charlemagne?*... Rién: On connaissait tous ces Gens-là: mais ils ne paraissaient plus parmi les Ames depuis longtemps !

Descendons encore plûs bas (dit Clarendon, à l'impatiente Ysflasie).... Elles parcoururent les Siècles suivans, et après avoir envain demandé, *Louis-IX*, *Charles-VII*, et la *Pucelle*, et *Dunois*, elles vinrent à *Henri-IV*? ,, Hé! quoi? (dit Yfflasie), je ne verrai pas *Henri-le-Bearnois*? .... Voyons... Cherchons encore: Voila une multitude d'Ames ,,?...

Comme leur agilité était extrême, et aussi rapide que la volonté, elles étaient partout en un instant....

Mais je remets à demain la suite de leur recherche, belle Hortense... Ce n'est pas ici un conte de Fée: Je ne sais quoi me dit, que c'est la vérité.

(*D'une main imitative*).

Remercie pour moi ta Moitié, d'être, de la bonté qu'elle a de me croire, et dis-lui, que j'aime à la confondre avec toi. Je ne la connais que par toi: Mais elle te ressemble parfaitement: Hâ! qu'elle doit être aimable!...

RÉPONSE A LA XVII.me LETTRE.
5 mars.

A-PRÉSENT que tous mes doutes sont levés, je me livre avec transport au charmes de tes Lettres.... Mais, où vas-tu en venir, avec toutes ces Ames qu'on ne retrouve plus ?... Je n'ai pas encore deviné ton but, par cette suspension ?...

Filéte est enchantée. Je veux qu'elle t'écrive un mot, en bas de ma Lettre, et je cesse ici.

Filète écrivit: Mais elle ne permet pas que l'Editeur place ici les 10 à 12 lignes qu'il a vues de sa main.

XVIII.me LETTRE.

D. m. T. 18 fevriér.

Reprenons, ma belle-Amie, le fil de l'histoire : Je ne prétens pas te faire languir par des préambules.....

Clarendon demanda aux Ames les meilleures, et qui avaient été les plûs relevées, Si elle ne pourrait pas voir celle de *Louis-XIV?* ,, Vous vous y prenéz à-temps (répondit l'âme de *Montausiér*, à laqulle elle s'adressait): Ce Prince fait ses préparatifs, pour retourner dans un Corps. ,, Dans un Corps! Quoi! l'heureux état dans lequel nous sommes, ne sera pas éternel? Quoi! il faudra revivre ,, ?... *Montausiér* regarda sevèrement Clarendon : ,,Noble Portion de la Divinité ! (lui dit-elle): Quî êtes-vous, pour desaprouver les vues sublimes de l'Être-principe ?... Mais vous penseréz bién differemment, lorsque vous auréz passé dans l'état d'âme pure, les cent ans que cette vie dégagée doit durer! D'ici-là, vous vous formeréz: Vous êtes en ce moment comme des Enfans, Ysflasie ét vous; mais votre raison va se déveloper: Vous profiteréz de votre voyage, dans les Planètes de notre Univërs, que vous pourréz seules visiter, pour vous instruire sur une foule de choses: Car ce ne sera que dans une autre vie, lorsque notre Planète sera tombée dans le Soleil, que devenus plüs parfaits, à notre dégagement des entraves corporelles, nous pourrons voir tous les autres *Systèmes* planetaires. Mais cette vie même (après la dissolution de notre Planète dans le Soleil), ne sera pas éternelle, rién n'est éternel que *Dieu*, ou le *Souverain-principe*. Notre Terre ressortira de l'amalgame géneral fait dans l'*Astre-central*, de toutes les Planètes, ét de tous les Soleils de l'Univërs, dissous en lui, pour recommencer une nouvelle vie;

ét toutes les espèces, tant des Hommes que des Animaux, recommenceront de-même à vivre dans des Corps, pour redevenir encore libres ét dégagées, roulant ainsi, pendant toute l'éternité, de la vie à la vie, en paraissant mourir, ét renaître. Tout ce qui nous est arrivé, nous arrivera dans une vie nouvelle ; desorte que nous serons avec un Corps composé de matière homogène, sans être précisément la même, tout ce que nous aurons été. Voila comme, sans nous en douter, nous serons éternels : Car ne nous ressouvenant de rien, par la fraction de nos organes, l'Être reformé sera toujours nouveau.... Recevéz de moi cette leçon : Mais je vais vous conduire à Louis-XIV ".

Je m'arrête, Hortense ; je baise tes belles mains (*autre écriture*), ét celles de ta Filète.

REPONSE A LA XVIII.me LETTRE.

6 MARS.

LE discours de Montausiér est fort bon ! Mais je suis très-curieuse de voir Louis-XIV, ét d'entendre ce qu'il dira. Envérité, tes Lettres, mon Mari, font amusantes comme un Roman! ét tout ce qui nous fâche, c'est de ne pas les avoir de-fuite, pour en lire une centaine en un jour.... Mais cela fait que nous les relisons toutes, à chaqu'une que je reçois, pour mieux voir l'enfemble. Par ce moyén, je faurai les premières par cœur, à la fin de notre correspondance.... Chër Epoux, l'intérêt d'une Lettre de ta part était asséz puissant, fans que tu cherchasses à y mettre un intérêt de lecture. Je t'en remercie néanmoins: je n'en ai pas plus de plaisir à te lire; mais j'en donne plus aux Autres, ét à ma Filète, qui me gronde de ce que je la mets dans une autre clâsse que moi, ét à la fpirituelle Beauchamois, ét à la jolie Marquise.

XIX.ᵐᵉ LETTRE.

D. m. T.   19 Fevriér.

HIER j'ai fini ma Lettre, mon Hortenfe, en disant que Montausiér conduisit Yſſasie ét Clarendon vërs Louis-XIV.

Elles trouvèrent cet ancien Monarque affis, en apparence, au milieu de toute fa Cour, fur le toît du château de *Versailles*; ou plutôt fur une avance de fenêtre, où était une petite caisse, dans laquelle végétait un lauriér. Toute cette nombreuse Assemblée d'Admirateurs, au nombre de plûs de dix-mille, tenait fur une feuille du petite Lauriér. Elles s'entretenaient enfemble. Louis ne fe distinguait des autres Ames, que par une plûs grande politeffe, un ris ét un ton plûs affectueux.

„ Mes chères Amies! (disait-elle à fes anciéns Courtisans), je n'aime à paffer ma vie avec vous, que par la raifon que je vous ai toutes aimées, lorsque vous aviéz un corps : Je n'ai voulu que votre bién, ét quand je ne l'ai pas fait, c'est que j'étais trompée... Mais ce qui met le comble à ma joie, c'est qu'aujourdhui que nous sommes toutes égales, vous m'aiméz encore, ét que vous me marquéz de la déférence... Hâ! je fus donc véritablement Roi! „ Oui, vous le futes (lui dit Montausiér, en lui préfentant Yfflasie ét Clarendon); puisque nous, aujourdhui vos égales, nous aimons à vous marquer de l'attachement. Et votre gloire n'est point éclipfée fur la terre, malgré les fautes que vous avéz faites, la révocation de *l'Édit de*

Nantes, l'emprisonnement de votre Frère, avec un masque de fër. „ Arrête! chër Montausiér! ces deux crimes m'épouvantent! Mais l'emprisonnement de mon Frère n'est pas mon ouvrage. Notre Père commun, l'avait ordonné, à certaines conditions: comme, *S'il voulait ſe connaître*.... Il l'a voulu.... Il vous aurait tous perdus, par ſa reſſemblance avec moi.... Tu ſais qu'il était l'aîné ; mais que les précautions n'avaient pas été prises pour ſa naiſſance.... On avait resolu néanmoins de le rendre heritiér du Trône, en fesant coucher la Reine avec Louis-XIII. La Reine devait feindre une groſſeſſe, ſi elle n'en pouvait avoir une véritable. Mais, dès la nuit suivante, le Père de mon Frère ayant reüſſi à la féconder, on attendit en silence ce que cette grossesse produirait. Ce fut moi. Je parus bién conformé : On n'eüt au qu'une feinte dangereuse à faire... Et ma Mère ayant eü, du même Homme, un ſecond Fils, le dangereux Aîné, fut élevé dans l'obscurité. Notre Père l'aimait, ét peut-être, malgré ſa celèbre finesse, commit-il quelqu'imprudence; puisqu'à 16 ans, mon Frère-aîné d'un an, m'ayant vu, ét ſe doutant déja de quelque-chose, présuma ſon origine.... Malheureusement pour lui, il n'était pas asséz instruit, ou l'était trop. Il ne connaissait pas le Monde, ét crut, dans fa naïveté, qu'il n'aurait qu'à prouver fon aînesse d'un an, pour fe mettre à ma place.... Comme moi, il était devenu amoureux d'*Hortenfe-Mancini*, notre Cousine, ou plütôt notre Sœur, puisque c'était la Fille, ét non la Nièce de notre Père, qui l'avait eüe de fa propre Sœur, dont il était devenu amoureux avant de venir en France.... Le faux *Bourbon*, qui fe croyait fils de Louis-XIII, voulut donc fe faire connaître, époufer Hortenfe, ét la couronner. Il s'en ouvrit à un Confident, qui le trahit, ét il fut, non-feulement enfermé, mais masqué.... Voila cette histoire, qui a tant excité la curiofité des Français!... Mon Frère, qui m'en veut encore un-peu, est devenu l'intime Ami de mon Frère D'*Orleans*, ét ils font presque toujours enfemble „....

Mais, chër Epouse, cette anecdote a pris tout mon papiér. A demain.

REPONSE A LA XIX.ᵐᵉ LETTRE.

7 Mars.

Voila, bon Mari, une anecdote, à laquelle je ne m'attendais pas, dans tes Lettres!

Elle a fait à mes trois Amies le plus grand plaisir! Mais, ce pauvre Louis-XIV, avec toute fa cour ét tous fes Admirateurs, fur une feuille de lauriér!... Et cette inclination pour Verfailles, où il a règné!... Que dit-il, d'y voir une *Dubarri*, remplacer *La-Valière?* Car je ne parle pas de *la-Montefpan*, ét encore moins de *la-Maintenon*, que je n'ai jamais aimée.... ni de la celeste *Pompadour*.....

La Comtesse ét la Marquise te remercient. Pour ma Filète, je crois qu'elle commence à t'aimer autant que ta Femme. Heureuse *amphibologie!* qui est vraie dans les deux fens!

XX.me LETTRE.

D. m. T.   20 Fevriér.

» MAIS (dit Louis-XIV), où font ces deux Françaises que vous me préfentéz? »*Sire*, ce ne font pas des Françaises natives: Elles ont eü leur *natalice* en Italie, par une poutre qui les écrâsa, au moment où elles s'aimaient, comme vous aimâtes Mad. *La-Valière*. Leur origine est anglaise. Leur Ayeul ét leur Grand'mère furent obligés de quitter la France, à votre revocation: Leur Père s'établit à Londres, ét y épousa une de vos Cousines paternelles du côté gauche (car votre Pére a eü plus d'une Maîtresse).... Du reste, elles sont Françaises d'origine, ét vous font attachées. ʺHâ! oui! (s'écria la Monade de Louis-XIV): Les Monades Françaises, plus raisonnable que Celles des autres Peuples, ne voient dans leur Monarque, que la Tête ordonnatrice, qui dirige la main executrice de la Nation.... Jamais un Roi de France ne peut être despote; il ne règne que par la loi ʺ!... ʺMon Amie! (dit Montausiér), en faisissant la main de Louis-XIV, (car les Ames qui ont vécu, voient par habitude, des membres aux Monades douées de passions, qui constituent l'âme proprement dite); Mon Amie, ces deux Monades, nouvellement dégagées, vous ont demandé, avec empressement, comme la plus célèbre de vos Contemporaines ʺ. Clarendon s'avança, tenant la main d'Yfflasie. ʺQu'elle est belle! (dit Louis-XIV). (Car il faut encore favoir, que les Ames des Belles, comme mon Hortenfe, ét ce qui lui ressemble, confervent aux ïeux des autres Monades, l'apparence de beauté, qu'avait leurs Corps. C'est par cette raison qu'il est avantageux de mourir jeune)!

Clarendon alait baiser la main de Louis-XIV, lorsqu'une Monade, toute pareille, qui avait une cour ét des Curieuses, sinon des Admiratrices, toutes placées fur une feuille de Lauriér, qui touchait celle de Louis-XIV, arrêta le Jeunehomme, en lui disant: ,, C'est moi, qui fuis la véritable Louis-XIV; Celle à laquelle tu rens ton hommage, n'est qu'une Usurpatrice, un Cruël Tyran! C'est du mépris, ét non des hommages, qu'il faut lui rendre,,.
... Clarendon regarda la Monade qui lui parlait, ét crut voir celle de Louis-XIV. Montausiér lui dit: ,, Imprudente Monade! on ne pouvait faire autrement que de t'emprisonner ét de te masquer! Tu aurais troublé toute la France, ét fcandalisé toute l'*Europe :* Il a falu te facrifier.... Dailleurs, aurais-tu fait d'auffi grandes choses que ton Frère ? ,, Je n'aurais pas commis fes crimes. ,, Peutêtre ,,!... La Monade au masque-de-fër ne fe voyant appuyée par Perfonne, fe retira courroucée, avec fa petite cour ét fes Curieuses.

Louis-XIV reprit fa gaîté, après le départ de fon Frère, ét elle s'occupa des deux nouvelles Monades, qu'elle etait enchantée de voir.

Je cesse ici, mon Hortenſe; non faute de matière, mais parceque les affaires me preſſent, ét que mon heure délicieuſe vient de s'écouler avec toi.

REPONSE A LA XX.me LETTRE.

8 Mars.

Il aurait été ſurprenant que la Monade de *Louis-Mazarini* n'eût pas conſervé quelque reſſentiment contre Louis-XIV; que ta précedente Lettre a cependant bién juſtifié! Ce que c'eſt que les Familles des Rois!... On croit qu'une Race continue, ét en peu de temps, voila deux in'erruptions! Car mes deux Amies, la Comteſſe ét la Marquiſe, aſſurent, que la Ducheſſe de Bourgogne n'a pas eü Louis-xv du Duc, ét que notre Roi actuel eſt tout entiér du gros ſang ſaxon... Mais qu'importe aux Peuples, pourvu que le Gouvernement ſoit bon?... Ma Filète, pendant que nous cauſions, careſſait mon Fils ét le ſién. Ton Fils, mon Ami, quoiqu'à-peine formé, la prend pour ſa Maman, ét veut quelquefois chercher ſon ſein. ,, En vérité! me diſait-elle tout-à-l'heure, je voudrais avoir du lait! Il m'en aimerait davantage!... Mais je n'oſe lui faire, essayer, depeur, qu'il ne sente trop la différence de TOI à MOI, de la seule manière dont il peut la sentir à-présent »! Je l'a prise sur mes génoux, elle a tenu l'Enfant, et je l'ai alaité.....

Voila mes amusemens. Ils sont innocens ét simples...... Quand les rendras-tu plus compliqués ?

XXI.me LETTRE.

D. m. T. 21 Fevriér.

MA Bién-aimée! Louis-XIV n'avait pas de nouvelles à demander aux deux Monades Yfflasie ét Clarendon; il savait tout ce qui se passait.

» Mes Enfans! (leur dit-elle), est-ce MOI que vous avéz demandé la première »? Elles lui répondirent, parce que j'ai raporté dans les précedentes.... Au nom de *Henri-IV*, Louis-XIV soupira. » Mes Enfans (dit-il à la jeune Yfflasie ét au beau Clarendon), nous restons Ames pures, au moins un Siècle, après notre sortie du corps, avant que de retourner en animer un autre. Nous avons deux vies de-suite, qui se continuent, notre vie corporelle la dernière passée, ét notre vie incorporelle actuelle.

Enſuite nous perdons la continuité, pendant la vie corporelle qui recommence. Mais nous avons toutes (vous aléz le ſavoir), la faculté, à chaque vie incorporelle, de nous rappeler tout ce que nous avons été dans 100 vies précedentes, tant corporelles, qu'incorporelles ou intellectuelles, comme est celle dont nous jouiſſons en ce moment. Ainsi, moi, qui ai 76 ans d'intellectualité, tout-à-l'heure, j'ai petit-à-petit recouvré la connaiſſance de tout ce que j'avais été, pendant mes cent dernières vies, ét je ſais qu'un jour, tombé, avec notre Soleil, dans le ſein de Dieu-même, nous nous reſſouviéndrons de tout ce qui nous est arrivé pendant toute l'éternité précedente........ J'ai eü le malheur, mes chèrs Enfans. de n'avoir pas encore vu Henri-IV.... Si ma dernière carriére corporelle avait été plus courte de trois ans, je le voyais! Sa Monade n'est repaſſée dans un corps. qu'après 101 ans d'intellectualité.... Je ſais, ét nous ſavons tous, ce qu'il est devenu. Mais outre que nous n'avons pas d'organe corporel, pour lui parler, ét nous en faire entendre, que dire à un Vieillard, qui ne ſe ſouviént de rién?... Hâ! ſi j'avais le bonheur qu'il ſe dépouillât de son envelope mortelle, avant que j'en reprénne moi-même une nouvelle, que de choses nous aurions à nous dire!"

Ylhasie voyant que Louis-XIV se taisait, elle lui dit: ,,Sire, permettéz à une jeune Ame, tout nouvellement arrivée ici, de vous faire une question: Les Ames voient Ceux et Celles qu'elles ont laissés vivans: Mais dans la supposition, où mon Epoux Clarendon, que voici, aurait été seul écrâsé, m'aurait-t-il toujours aimée? ,, Oui, sans-doute (répondit Louis-XIV), si votre âme avait continué d'en être digne. ,, Hâ! pour mon âme, j'en répons... Mais, en vieillissant, je... serais devenue laide, ét en Italie, on le deviént biéntôt? Il ne m'aurait plus aimée, avant que j'eüsse 40 ans? ,, Vous vous trompéz étrangement, ma Fille! Les Ames ont une autre règle que les Corps. Si une Femme laissée veuve jeune par un tendre Epoux, non-seulement conserve chèremeut son souvenir, mais encore augmente en vertu, l'Ame de son Epoux, qui l'attend, pour se réünir à elle, l'aime de plûs-en-plûs. Les Ames ne voient pas les changemens apportés au corps par la vieillesse; on reste, pour elles, à l'âge où l'on était, au moment de la décorporation, toujours jolie, ét les vertus augmentant, les charmes croissent. ,, Hô! que malheureuse est une Femme qui oublie ſon Mari! ,, Oui! elle en est également oubliée: Il cherche une Ame oubliée aussi de ſon Epoux, ét elles s'unissent. ,, O Clarendon! m'aurais-tu oubliée? ,, Non, non! jamais ,,!...

Louis-XIV ſourit de cette interruption, ét parut de très-bonne-humeur.

REPONSE A LA XXI.me LETTRE.

9 Mars.

ME voila instruite des circonstances de la vie incorporelle. En vérité, j'aurais voulu qu'elle eût été éternelle!... Mais comme tu le dis, l'*Être-principe* ſeul est éternel, ét tous les autres êtres changent. ét de forme, ét de ſituation. Tu m'avais presque dégoûtée de la vie, chër Mari! ét je commençais à desirer d'avoir avec toi le ſort de Clarendon ét d'Yſſlasie. Ma Filète avait pris ces ſentimens pour s'éterniser avec moi: Mais elle aurait regretté ſon Fils, qu'elle aurait voulu voir père, avant qu'il ne commençât une vie incorporée... Je pen-

se de-même pour le nôtre, ét voila, selon
moi, ce qui manque à Clarendon ét à son
Yfflasie; c'est un Fils.... Mais cette vie à recommencer, avec toutes ses peines, tous
ses hasards!... Hâ! si!...

La Comtesse me demande, A quoi ser-
viront mes Lettres, réünies aux tiennes,
pour en faire un seul tout? Je lui répons:
,,Ce que servent, en musique, la repéti-
tion des passages ét les refreins; à gra-
ver davantage dans l'âme la situation.

XXII.me LETTRE.

D. m. T.   22 Fevriér.

Vous seréz sans-doute curieuses (continue Louis-xiv), de savoir ce qu'est devenu
Henri-iv, à sa vie mortelle présente. ,,Hô!
oui! Hô-oui,,! (s'écrièrent à-la-fois Yfflasie
ét Clarendon). Louis-xiv sourit: ,,Je
vais vous le dire (reprit - il); en fesant
néanmoins précéder cette révélation, d'un
petit avant-propos.

Toutes les Ames dégagées sont égales.
Cependant les Bons dans leur dernière vie
corporelle, auront un privilége sur les
Méchans. C'est que Celles qui auront été
foncièrement droites, pendant une vie avec

corps, auront l'avantage de choisir ce qu'elles voudront être, lors de leur retour à la corporalité: Aulieu que les Fourbes, les Traîtres, feront obligées d'obeïr au fort, qui les enverra, au-hasard, animer des corps. Malgré cet avantage, qu'ont les Bonnes, fouvent on fe trompe, dans fon choix, en demandant d'entrer dans le corps du Fils, ou de la Fille de tel Homme, de telle Femme. Les organes, les paffions du Père ét de la Mère, ou de tous deux, font que fouvent les Ames font viciées, ét ont de fauffes perceptions, qui les égarent, parceque le Père ét la Mère auront été dans une difposition vicieufe, au moment de la conception. L'âme bonne alors, fe trouvant dans un mauvais étui, dont les organes la fecondent mal, eſt malhonnête, méchante, mais avec remords, parcequ'elle ne l'est pas naturellement. Aulieu qu'une Monade, deja précedemment dans un méchant Corps, est méchante fans remords. La bonté, la méchanceté, dependent des organes. Les Monades des Bons ne peuvent deviner. Elles choififfent, pour retourner à la vie, un Corps d'Enfant, dont les Parens font honnêtes, et ont les moyens de lui donner une bonne éducation. C'est tout ce qu'elles peuvent. Henri-IV a choisi d'être le Fils d'un vertüeux Laboureur. Il est donc vertüeux, parceque le Père et la Mère l'étaient : Mais il a les paſſions vives, violentes, parceque ſa Monade les avait eües telles, dans ſon dernier Corps, et parcequ'il est ſain et vigoureux.... Il est à-présent.... Vous ne vous y attendriéz pas !... il est....

Louis-XIV s'interrompit ici lui-mème, celeste Hortenſe, pour apprendre à ſa Cour, que vous veniéz d'avoir un ſonge terrible. Vous m'aviéz-vu, nouvelle Alcyone, poussé mort ſur la plage de Marſeille, venant d'Italie !... Ne croyéz pas aux ſonges ! Ils ne tiénnent en rien à notre vie intellectuelle ; ils ne ſont que le ruminement groſſiér de l'âme, doublement appesantie par ſon corps, et par le ſommeil. Elle n'est à-peu-près libre que dans la veille ; elle est doublement emmaillotée, lorsque le corps est endormi.

(On ſent qu'un Ami avait écrit ce Songe, dont Hortenſe ne parle pas. Cependant il aurait été poſſible que Fontlhète eût entendu parler d'un Songe de ſa Femme).

RÉPONSE

RÉPONSE A LA XXII.me LETTRE.

10 Mars.

Voila des choses étranges! mais qui m'expliquent bien, comment les Bons font recompensés, dans l'autre vie, ét comment les Méchans font punis! Pourquoi les Uns ont des remords, ét les Atres n'en ont pas! Tes Lettres, bon Mari, font réellement instructives, ét je me fens toute prête à embrasser ta doctrine. Depuis que tu m'accoutumes à m'entretenir avec les Ames, je crois enverité que je dédaignerais les Corps, fi je n'en avais pas d'aussi aimables ét d'aussi aimés autour de moi.

Ta doctrine fur les Songes est aussi la feule raisonnable: C'est un veritable ruminement mental: Aussi, je n'en fais auqu'un cas, dissent-ils vrai.... Filète, qui fuit ce que j'écris, m'embrasse, ét elle a les ïeux humides... Qu'ai-je fait au Ciel, pour m'avoir privé de mon Epoux!,.. Mais qu'ai-je fait au Ciel, pour qu'il le remplace par une Double moi-même, dont tous les mouvemens me plaisent, qui marche, parle, chante comme moi; dont les penfées ét les fentimens font toujours les miens?... Femmes infenfées, qui aimez un Homme fat ou perfide, qui avez une Favorite indigne; qui adorez un chien, un chat, un perroquet, un serin, ét pis encore; cherchez votre Filète! elle existe quelque-part; ét aimez-la! Vous trouverez dans cette Autre vous-mêmes, d'inexprimables douceurs!

I Volume. E

XXIII.me LETTRE.

D. m. T. 23 Févriér.

J'EN étais hiër, ma Bién-aimée, à Te dire, ce qu'est aujourdhui Henri-IV, qui est âgé de 76 ans. Je suis sûr que vous êtes d'autant plus curieuses de le savoir, qu'il est possible de le voir encore. Il est... Ecclesiastique.

A ce mot, ne va pas le croire, mon Amie, Pape ou Cardinal; Archevêque, Evêque, ou Abbé mîtré, ni Moine inutile, ou Chanoine dodu : Il est... ce Roi, 1.er de sa Branche, il est... Curé de Village, et du Village le plüs pauvre de France ; ayant les Habitans les plüs têtus, les plüs enclins à mal faire... Je l'ai vu, ma chère Femme ; je l'ai admiré : Mais je ne le connaissais pas encore pour *Henri-IV!* Louis-XIV le montra aux deux Amantes, Ysiasie ét Clarendon. Mais Celles-ci ne purent lui parler, pour l'interroger. Elles se glissèrent alors dans le cerveau d'un vieux Militaire, Inspecteur général d'Artillerie, fort bon-homme, un peu parleur, et elles sollicitèrent son Ame d'interroger le Curé octogenaire, et voici ce que j'entendis, par leur moyen ; car pour Ysiasie et Clarendon, elles lisaient dans sa pensée.

„ C'est pour faire un plüs grand bién, que je me suis mis dans cet état. J'avais choisi de naître dans la médiocrité. Une fois que je m'y suis vu, j'ai réfléchi à tout le bién qu'un Particuliér peut faire, et j'ai vu, par le grand mal que font les Prêtres, combien il était preſſant de porter dans le Sacerdoce le baume du bon exemple. Curé de Village, je ſuivais une direction vërs le bien, qui m'était comme enſeignée, par une vie précedente, où j'avais été celébre par mes vertus. Je bannis de mon esprit, tout idée de cabale pour les Hommes. Je ſentis qu'il falait croire ma Religion, afin de la pratiquer, et de l'enſeigner par l'exemple. Je crus donc. J'oubliai toutes les choses qui n'avaient pas de rapport à mon état, pour ne conſerver dans mon cœur, que celles qui le rendaient utile, important, ſacré. Avant que d'être Prêtre (penſais-je), il faut être honnête-homme. Et tant de mes Confrères ceſſent d'être honnêtes gens, pour devenir Prêtres! Celui-ci embraſſe l'état de Curé, pour vivre tranquile avec une jolie Gouvernante! Celui-là, plüs coupable encore, pour conter des gaudrioles à toutes les jolies Femme de ſa paroisse, et en croquer quelques-unes. Cet Autre, vrai cochon du Troupeau d'*Epicure*, pour manger, boire et dormir ſans peine. Cet Autre, pour être un Homme important dans ſa petite ſphère... Loin de moi ces égoïstes ſentimens! Je me ſuis fait Prêtre, pour donner quelques bons conſeils aux Hommes, aîder les Malheureux, et les préserver du desespoir...

Je ſuis interrompu... Seul charme de ma vie, Hortenſe! Je vais encore ne m'occuper que de toi !... Hâ ! quand j'étais auprès de toi, j'étais trop heureux pour penser.... A présent, que j'en suis éloigné, je pense, et j'écris.

REPONSE A LA XXIII.me LETTRE.
10 Mars.

COURAGE, chër Mari! tu me fais des sermons, sous le nom de Henri-IV, et même de Louis-XIV. Mes Amies disent que tu entres au Noviciat, pour être Capucin; et Filète ajoute, avec cette grâce qui ne la quitte jamais : ″Alons, les deux Femmes se feront Religieuses vis-à-vis le *Louis* de la *Place-Vendôme :* Car il ne conviendrait pas qu'elles restassent dans le monde, ayant un Mari voué à une si grande mortification,,!... Cependant, chër Mari! continue à nous peindre la conduite de Henri, devenu Curé de Village, et sois sûr d'amuser ta Femme. Ce sujet d'ailleurs est interessant...

XXIV.me LETTRE.
D. m. T.   24 Fevriér.

C'EST Louis-XIV qui va continuer le Récit, où je l'ai laissé ; parcequ'ayant été interrompu hiër, j'en perdis le fil.

,, Henri se trouva honnête-homme, dès qu'il crut parfaitement la Religion dont il était le Ministre. Tout entiér à son étas, il se regarda comme le Père de son Troupeau. Le bléd, qui formait son revenu, fut prêté, pendant l'hivër, pour être rendu, s'il était possible, durant l'été, par les Emprunteurs : Mais si cela ne se pouvait pas (ce que le Pasteur avait bien soin de vérifier), afin de ne pas encourager la fainéantise, ou de ne pas accâbler le Malheureux), il donnait jusqu'à la possibilité de rendre, ou pour toujours.

Il visitait son Troupeau dans les six jours; consolant, exhortant, et ne grondant jamais, pas même le vice. Car il disait : ʺJe suis leur père, et ils n'ont de recours qu'en MOI : Si je leur ôte ce recours, ils n'en auront plus ʺ. Il prêchait une morale pure, mais douce : Il recommandait l'amitié fraternelle : Il n'était pas énnemi des divertissemens honnêtes, ét il voulait qu'ils fussent présidés par les Pères et Mères, ou quelques-uns d'entr'eux. Quand On lui objectait que certains divertissemens étaient proscrits, à-cause de leur dangér, il répondait, en riant: ʺSi l'on ôte la défense, on ôte le dangér ʺ... ʺHâ ! jugéz ! (s'écria Louis-XIV attendri), combién je devais être touché, de voir mon respectable Ayeul, connaître si bién l'esprit d'une Religion, fausse, il est vrai, comme toutes les autres, mais que j'affectionne encore, et que j'ai voulu servir avec tant de zéle, dans les dernières années de ma vie !... Hêlas ! si je l'avais connue, comme Henri la connaît aujourd'hui ʺ !... Et ses larmes coulèrent, comme peuvent couler les larmes des Ames dégagées des Corps... C'est-à-dire, qu'Yfflasie et Clarendont virent en *elle*, le sentiment qui produit les larmes....

Je cesse ici; et ma Lettre est très-courte. A demain. Est-ce le bonheur, qui détruit mes forces? Je sens que la trop-grande activité est un feu dévorant!.... Mais heureux! heureux Celui, qui se sent consumé par le bonheur!... C'est ce que j'éprouvais, en vivant avec Hortense!

REPONSE A LA XXIV.me LETTRE.

12 MARS.

Il est certain, mon Ami que les Rois sont meilleurs dans l'autre Monde que dans Celui-ci, témoin Louis-XIV. Mad. *De-Beauchamois* est passionnée pour lui! Elle n'en parle qu'avec transport! Pour Mad. De-Marigni, elle est plus portée pour Louis-XV, quoiquelle ait sujet d'en être mécontente. Car enverité cette *Dubarri* est bien avilissante! Cependant la Marquise ne parle jamais du Monarque, qu'en très-bons termes!... C'est une charmante Femme, quoiqu'un-peu calomniée par les Sots et les Sotes, qui ne la connaissent pas. Son portrait en pied a été au Sallon cette année... Il a réellement fait sensation! Son Mari est appuyé sur le dos de sa chaise. On assure que son pied, est le 1er pied bien fait de main de Peintre... Mad. De-Beauchamois aurait aussi brillé par-là; et pour me peindre, sans parler de moi, j'ai ouï-dire, que ma jolie Filète avait le furnom de la *Jolie jambe*, et du *Pied mignon*... Hô! voila une Lettre de Femme! et certainement je n'en ai jamais écrit de pareilles, pas même à mes Amies!... Je l'enverrai pourtant. C'est peutêtre la tendre fin de la tiénne, qui marque une fituation d'esprit avantageuse, qui m'a mise dans cette disposition?... Filète te falue; et mes deux Amies t'embraffent. Pour moi, je trouve ma Filète trop reservée.

XXV.me LETTRE.
D. m. T. 25 Fevriér.

Louis-xiv fe remit un peu, pour continuer. ,, Henri, auffi héros, étant Curé de Village, que lorfqu'il règnait, fe rendit utile à moins de monde: mais il fut plus utile à ce petit nombre, qu'il avait adopté. Il fut un exemple cité de conduite facerdotale, plûs parfaite que celles des 1ers Ministres du Criftianisme, parcequ'il a une âme plûs droite et meilleure. Il fait l'admiration des Ames degagées, dont une foule l'entoure fans-ceffe, pour le contempler. Vous pourrez le voir, comme je l'ai vu, et un defir fuffira, pour vous transporter à fon Village: Je vous y ferai conduire par une des Ames qui m'accompagnent toujours, et qui veulent bién m'obéïr, quoique mes égales.

,, Grand Roi! (répondit Clarendon); je

ne me crois pas votre égale, quoique je sois une Ame. Je vous honorerai jusqu'au moment, où les decrets éternels vous rappèlerout à une vie, que vous honoreréz encore, dans un nouveau corps mortel. Je vais voir *Henri*. Mais pardonnéz, ſi, au retour, je vous demande à voir Louis XIII?

(*Yfflaſie et Clarendon coururent au Village; et y virent ce que je vous ai raconté dans une precedente Lettre, où j'ai fait parler Louis-XIV lui-même. Elles furent de retour aubout de quelques minutes; racontèrent ce qu'elles avaient vu et entendu... puis elles renouvelèrent leur demande de voir Louis-XIII.*)-

A ces mots repetés, Louis-XIV baiſſa les ïeux. (C'est toujours à dire, qu'Yfflaſie et Clarendon virent, à leur manière, le mouvement de la volonté, par lequel on baille les ïeux). ,, Mes Sœurs (répondit l'ancién Monarque); je me ſuis fait une loi, de ne desobliger Perſone: Venéz; je vais vous le montrer ,,....

Un mouvement de volonté ſuffit pour les transporter au bois de *Vincènes*. Elles y virent une Ame, qui, par ſes velléïtés, ſes penſées inconſequentes, ſes capricieux desirs, reſſemblait à un Enfant à la lisière. Cette Monade était dominée par Une autre, qui avait le regard ſevère, et qui ſans-ceſſe la gourmandait. La Monade-Enfant n'osait rién vouloir, que la Monade haute et fière ne le voulût avec elle. Louis-XIV, en s'approchant, regarda *Richelieu* avec grandeur. Le Tout-puissant Ministre ne baissa pas la vue. "O mon Père! (dit Louis-XIV), ne pouvéz-vous secouer le joug de ce Tyran"?... Louis-XIII frissonna, et fit à Louis-XIV un signe de crainte, en lui répondant: "Paix! paix"! *Elle* me débarrasse de la peine de vouloir, et de resoudre: Car... car... c'est une grande peine"!

Ystlasie osa demander à Louis-XIII, Ce qu'elle voulait être, en retournant au Monde?" Hâ! (s'écria-t-elle), Chartreux! Chartreux, si Mr le Cardinal le veut bien, "Vous auréz biéntôt cette satisfaction (repondit en rougissant Richelieu): car vos cent ans de vie intellectuelle sont finis"..., Louis-XIII le regarda: "Revivrai-je?" Je verrai cela". Ystlasie sourit. "Et vous (dit-elle au fier Cardinal), que voulèz vous être?" De quel droit m'interpelles-tu (répondit-elle). "Parceque je suis votre Egale: Repondéz, je le veux"? Alors Richelieu sentant que la loi était qu'elle répondît, s'écria: "Je veux être Maîtresse-d'école; et fouëtter, fouëtter... fouëtter... C'est-là seulement qu'on est Maîtresse sans danger, sans reproches, sans amertume... On vous loue, quand vous avéz puni... Maîtresse-d'école d'un Village bien nombreux, bien bête, bien stupide!... Hô! quelles délices"!....

Après cette réponse, Louis-XIV, Ystlasie et Clarendon quittèrent Louis-XIII et Richelieu, qu'elles voyaient pour la dernière-fois au nombre des Ames dégagées.

REPONSE A LA XXV.me LETTRE.
13. Mars.

J'ENCHÉRIS sur vous, bon Mari! je voudrais que Richelieu fût fouetteur du Collège de *Louis-le-Grand*, et que le faible Louis-XIII devînt en-effet Chartreux: Nous irions voir le 1er, mes trois Amies, et moi; mais nous nous garderions bien de lui envoyer nos Enfans!... Ce que c'est que de nous! Comment les Monades dégagées conservent-elles ainsi leurs faiblesses! Quel motif puissant d'aquerir des vertus! d'avoir une tendresse, entre Epoux, semblable à celle de Clarendon et d'Ysslasie! en-un-mot, d'être ici-bas, des Individus nobles, relevés, mais bons! Outre l'avantage incomparable, que cela donne, on jouit d'une vie de 100 ans très agréable!... Nous sommes impatientes, mes Amies et Moi, de voir la sute. Mais comme tu ne recevras ma Lettre que dans plusieurs jours, je voudrais que ton âme pût deviner le souhait de la miénne!

XXVI.me LETTRE.
D. m. T.   26 Fevriér.

Oui, j'ai vivement desiré le moment de reprendre la plume, pour retracer mes entretiéns avec les Ames heureuses; entretiéns que je ne puis avoir, qu'en me dégageant presque tout-à-fait des liéns du corps. C'est un essai que je ne te conseille pas de tenter, ma chère Femme; et qui ne convient qu'à moi; par des raisons particulières.

Le surlendemain du jour où nous les avions vus, Louis-XIII et Richelieu furent forcés de passer dans de nouveaux Corps, au moment de la conception... Yfflasie et Clarendon furent curieuses de suivre ces deux Ames, pour voir seulement où elles se logeaient, et pouvoir les retrouver ensuite facilement. Richelieu entra dans le germe du Corps de l'Enfant d'un Meûnier; et Louis-XIII, dans le germe du Fœtus d'une Fille-publique et d'un Espion. Ces deux Êtres, Roi et Ministre, n'avaient pas mérité, pendant leur vie corporée, le droit de choisir.. Quoique les évènemens qui concernent ces deux Ames soient arrivés plusieurs années après, je vais les rapporter, pour n'y plus revenir.

Richelieu devenu grand, conduisit les Anes au Moulin, et les rouait de coups. Il était si méchant, que lorqu'il passait, tous les Enfans s'enfuyaient. Desorte qu'il fit perdre beaucoup de Pratiques au Moulin-paternel. Son Père le corrigea : Mais le Mauvais-garnement n'en devint que plus cruël envers les Hommes, les Enfans, les Femmes, et les Animaux. Il fut assommé de coups, par son Père, et par d'Autres. Ce qui le détermina sans-doute à s'engager. Mais Soldat il fut encore plus méchant. Il pilla, viola, mangea de la chair humaine. C'était le plus effronté des Maraudeurs. Enfin, il vola un de ses Camarades. Il pasa par les verges, ét fut laissé pour mort sur la place. Cependant il en revint, parcequ'une Bonne-femme prit compassion de lui. Pour l'en remercier, après sa guérison, il la lia sur un lit, pendant une nuit d'hivër, la viola, la vola, la poignarda, la mangea: il fit même du boudin de son sang, ét vécut huit jours d'elle ét des provisions qu'elles avait. Après l'avoir consommée, donné ses os aux Loups qui rôdaient aux environs de cette maison isolée, il passa dans le pays étrangér... Or, il y avait dans cette maison une petite Filleule de la Femme, qui ayant vu le Soldat la violer ét la tuer, s'était cachée derrière des fagots, ét venait manger la nuit de la cuisine du Voleur. Elle ne quitta sa cachette, que lorsqu'étant sorti pour la dernière-fois, il ne ferma pas les portes. La Petite s'échappa, dès qu'elle le put, ét ala tout raconter. Le crime du Fils du Meûnier fut ainsi connu de tout le monde. Il fut procédé contre lui, ét on le condamna, comme coutumace, à être rompu en effigie. Dans une guerre qu'il y eût alors, il fut pris par nos Troupes, ét reconnu. Son procès était toutfait. Il fut amené à Paris, jeté dans un cachot, ét il y attendit son sort....

Quant à Louis-XIII... Mais c'est pour demain...

Je ne sais pourquoi j'ai suivi ces noires idées.... Il faut que je tâche de les oublier, en m'occupant de vous. Hortense.

REPONSE A LA XXVI.me LETTRE.
14 Mars.

Hô! quel cruël Homme que cet Ex-Richelieu, dans la seconde vie! quel Monstre odieux!.. Il paraît, chér Epoux, que tu le juges d'après les disposicions secrettes de son cœur!... Mes deux Amies se sont presque fâchées contre toi! Mais Filète ét moi je t'excuse (car nous ne fesons qu'Une), de ces cruautés que tu racontes. Moi ét ma Double, je me suis rejouie de ce que cette pauvre Petite Fille est échappée à la mort, en se cachant, ét en mangeant de sa Mareine, sans-doute le moins qu'elle a pu : il y avait du pain, des fruits, des fromages.... Nous avons été bién-aise de le voir pris. Mais voila qu'encore la compassion s'est emparée de la Comtesse ét de la Marquise; ét elles m'ont dit, à Moi ét à ma Double : ,,Hô! il a de l'esprit, ét vous verréz qu'il se sauvera ,,!.... Nous verrons : Car je ne te saurais séduire, pour la Lettre de demain, ét elles ne pourront m'en accuser.

XXVII.me LETTRE.
D. m. T.   *27 Fevriér.*

QUELLE différence du sort du premiér *Richelieu*, au Fils de Meûniér, qu'il était à une seconde vie!...

Quant à Louis-XIII, il vint au monde à l'*Hôtel-dieu*; fut mis aux Enfans-trouvés; ét comme sa Mère était douteuse, il fut alaité au biberon. Il resta faible, languissant rachytique. A 7 ou 8 ans, il fut mis à la *Pitié*, où l'acheva de devenir bancal. On lui fit apprendre à filer de la laine. Il y passa ses jours, pâle, defait, végétant, au lieu de vivre. Toutes les Ames qui le connaissaient, étaient touchées de compassion. D'un côté, elles disaient: ,, Les Hommes seraient moins durs, s'ils savaient que le même sort attend peut-être Celui qui opprime, ét l'Opprimé. Hô! comme les Hommes seraient bons, comme ils seraient philanthropes, patriotes, compâtissans, s'ils savaient que la masse des maux ét des biens nous est commune! que le sort qu'ils donnent aujourd'hui aux Malheureux, leur sera procuré dans une vie postérieure!.... Louis-XIII. nommé *Jannot-Piteux*, mourut à 26 ans, après avoir langui, ét sans avoir connu aucun des plaisirs de la vie! Il ne connut pas ceux de l'Amour, l'Infortuné! ni dans cette seconde vie, dans la premiere!... Le jour même de sa mort, on rompit *Georges-Meûlant*, dit *Cœur-de-fer*, autrefois *Richelieu*: De-sorte que ces deux Ames se rencontrèrent au sortir de leurs Corps. Mais *Jeannot-Piteux* était devenu hardi, à *la Pitié*: Elle ne reconnut pas *Georges*, ou elle la brava; ét demeura independante. C'était un pas de fait vers le mieux. Grande leçon pour les Rois faibles, qui laissent faire le mal à leurs Ministres!....

Cependant Ysslasie ét Clarendon retournèrent avec Louis-XIV, voir Henri-IV Curé, lequel se nommait *Nicolas*. Elles le trouvèrent occupé, malgré son grand âge, des fonctions de son ministère. Il était pénétré de leur utilité, de leur grandeur! Et quoiqu'elles ne fussent ni grandes, ni utiles, ce vertüeux Ministre les rendait telles, par la beauté de ses vues, et la sublimité de sa conduite!... Ytflasie ét Klarendon auraient bien desiré pouvoir lui être utiles! Mais tel est l'état des Ames, qu'elles ne peuvent pas même chasser une Mouche, qui bourdonne autour de ceux qu'elles aiment. C'était aussi ce qui fesait quelque dépit à Louis-XIV. Elle s'en ala. Ytflasie ét Clarendon la suivirent. Elles se proposèrent de parcourir le Globe-terraquée, ét de voir tout ce qu'il y a de curieux sur son immense surface...

Je vais m'instruire de ce qu'elles ont fait, chère Épouse! afin de vous le raconter demain.... L'état des Ames est bien singuliér! N'est-ce pas, mon Hortense?

REPONSE A LA XXVII.me LETTRE.
15 Mars.

VOILA donc le sort de leur *Richelieu-Cœur-de-fer* décidé! Elles en sont furieuses! ét plus encore de celui du pauvre Louis-XIII, cardant, filant de la laine à la *Pitié*, ét mourant à 26 ans!... Elles ont pourtant été bien-aises, de le voir émancipé, à sa 2.de vie incorporée...

Nous avons enfuite été toutes édifiées de la vie sacerdotale de Henri-IV, Curé de Village ; et très-affligées de ce que les Ames ne peuvent rien pour les Corps. Il est vrai (a dit MAD. *De-Beauchamois*), que cela aurait des inconveniens ! ″ Oui, oui ! (a répondu la Marquise) : On recevrait quelquefois de Messieurs les Maris, des soufflets, qui ne feraient pas de *main-morte* ″ ! ... Je te raconte toutes ces bagatelles, n'ayant pas, comme toi, cette imagination brillante, qui fait créer des évènemens !... Mais ne m'as-tu pas dit un-jour, bon Mari, que nous ne créïons rién ? que nos imaginations les plus folles ne pouvaient fortir de la Nature, où nous fommes enfermés ?... En ce cas, tout ce que tu racontes, en va devenir plus intereffant ! C'est une forte de vrai, qui est quelque-part... Cette idée nous rejouit toutes-trois-èt-quatre.

Filete m'obferve ici, qu'il est fingulier que nous ne fachions pas mieux ce qu'ont été Yfflasie ét Clarendon ?

[*Cette question de* M.me *Filette est ici prématurée : On trouvera plus bas,* II.ᵉ *Vol. page* 133. *l'*HISTOIRE *de la Vie mortelle d'*YFFLASIE *ét* KLARENDON. *Voici un Récit préparatoire*] :

XXVIII.me LETTRE.

D. m. T.   23 Leviér.

YFFLASIE ét Clarendon, vont s'éloigner : Je vais les fuivre dans leurs éxcurfions.

chère Épouse ; après avoir donné l'histoire préliminaire de la Première.

HISTOIRE de l'Origine de la MÈRE d'YFFLASIE.

Louis-XV, en 1725, prêt à se marier, demanda, comment il ferait avec une Femme?... Ceux auxquels il s'adressait ne savaient trop que lui répondre. Cependant l'Un d'eux, plus avisé que les Autres, leur dit : « Donnons-lui une Fille, ou Femme bien-choisie, saine, jolie, mais de bas-lieu, pour que cela ne fasse point d'éclat. J'en connais Une sans conséquente ; c'est une jeune Blonde très-appétissante, très-voluptueuse, servante sur le quai *de la-Ferraille*, chez un nommé *Tavernier*, m.d de-fer. Elle est fille de pauvres Gens, sans crédit, sans Connaissances, mais honnêtes, et ses Ancêtres étaient nobles ? Prenons-la, et la donnons au jeune Roi. Nous instruirons la Jeune fille, et nous verrons comme il s'y prendra, lorsqu'il sera couché avec elle ? »... Cette proposition fut agréée. On envoya prendre, sur le Quai *de-la-Ferraille*, ou *de-la-Mégisserie*, la Fille indiquée, on l'appropria, en lui fesant prendre le bain, pendant un mois, durant lequel on l'instruisait ; et lorsqu'elle fut aussi blanche et aussi délicate qu'elle le pouvait être, on la mit dans le lit du jeune Monarque, en lui disant, qu'il pouvait s'exercer sur cette Jeunefille, pauvre, mais née de Parens nobles.

Louis fut environ 8 jours, ou 8 nuits, avant de la pouvoir déflorer : Mais enfin, il en vint à-bout aidé par elle... Comme on s'était caché du Cardinal *de-Fleuri*, on renvoya *barbe-Dulis*, dès que l'opération fut parfaite, et l'on observa si elle deviendrait enceinte. Ce fut ce qui arriva. Le jeune Roi, auquel on l'apprit, en fut ravi de joie. Il ordonna qu'on envoyât la Jeune Fille, aux environs de son Pays, mais à 3 ou 4 lieues ; qu'on lui donnât une terre, du domaine royal, et qu'on y élevât l'Enfant qu'elle mettrait au monde. C'est Dulis, et une Fille jumelle, appellée *Ysflasie*, mère d'*Ysflasie*, épouse de *Klarendon*, née en Angleterre d'un Mylord-Duc... On parlera de la Princesse Ysflasie, la fille de *Barbe*, dans la suite de cette Histoire, mais elle fut élevée au couvent des Bernadines, à Aucerre.

Le Fils fut élevé a-peu de distance de *Châblis*: On le laissa courir jusqu'a 10 ans; on commença de l'instruire à 11: Il étudia le latin à 13, très-péniblement dabord: Il vint à Paris à 15: Il y fut mis sous des Maitres sévères et jansenistes: Ce qui fit qu'il retourna pur dans son Village natal, à 17 ans.

Or Louis-XV avait une idée qui ne laissait pas que d'être philosophique, il avait deja observé, ou bien on lui avait fait observer, que toutes les Familles élevées s'éteignaient, et qu'aucontraire; celles qui vivaient dans la bassesse et les travaux, se multipliaient, et recrutaient les Autres. D'après cette observation, il resolut de mettre son Fils-ainé, qui, étant naturel, lui appartenait en propre, et non à la Nation, dans un état moyen, de l'y marier, et d'abandonner ainsi à elle-même cette branche du sang-royal. En-consequence, on fit entendre au jeune *Dulis*, lors de son retour à son village, qu'il pouvait se choisir une Femme à sa fantaisie. Il en fut charmé! car l'aiguillon de la volupté se fesait vivement sentir!... Il y rêva.

Il n'avait vu à Paris que des Femmes du-commun et quelques vieilles Douairières-de-qualité, qui avaient l'entrée dans la maison où il etait élevé. Rien ne s'offrait donc à son imagination, sous une forme à lui plaire; car les vieilles Dames, avec leur rouge, et leur visage plâtrés, lui avaient fait horreur; tandis qu'une jeune Paysane un-peu élégante, l'avait toujours delecté... La 1.re Femme qui lui plut à Courgis, fut une sterile, mariée depuis quelques années, qui se nommait mad. *Chevrier*: Elle était grande, bienfaite, propre, bien chaussée; elle avait un superbe chignon blond: mais elle atteignait 27 à 28 ans, et elle était mariée. Cependant, comme on formait alors à Dulis et à sa sœur Ysflasie, une dot, où entrait la terre de *Courgis*, celles de *Saci*, *Vaux-du-puis*, *Nitri*, *Lichères*, *Vermanton*, *Rigni*, *Accolai*, *Arci*, *Luci*, *Ste-Palais*, *Butarnes*, *Vincel*, *Vincelote*, *Iranci*. *Crevan*, *St-Bris*, *Montaleri*, *Quène*, *Bène*, *Chablis*, *Chickée*, *Vaucharmes*, *St-Cir*, *Prehi*, *Ligni*, *Courtenai-l'alleu* les *Vaux-Germains* : *Puits-debond*, *La Croixpilate* etc., Dulis demanda Chevriér et fa Femme pour concierges du Château de Courgis. Les deux Epoux s'y établirent et dès le 2.d jour, le Jeune Janseniste, brûlant de desirs, ne put s'empêcher d'embrasser fa nouvelle Femme-de-charge. Elle était dévote elle-même. Elle dit à l'Homme chargé par le Roi de tout arranger, ce qui venait d'arriver, "et que M. Dulis avait tant de feu dans les ïeux, qu'elle croyait qu'il voudrait alér plus loin! "Vous n'avéz pas d'Enfans de votre Mari (repondit le Regisseur-général; On peut casser votre mariage, si vous y consentéz tous-deux ; et si le Prince vous prefère (car il est Prince, fans le savoir), il vous épousera : Cela est égal à fon Père, pourvu qu'il épouse une Femme ou Fille de votre état, et bien conformée, comme vous l'êtes?" La belle Chevriér repondit, que ce serait un adultère. "Cependant (reprit le Regisseur), vous obligeriéz fon Père qui est un très-Grand Seigneur, si vous donniéz une leçon d'amour à fon Fils : Vous êtes mariée, et votre honneur ne risque rien. "Je risquerais mon falut ! "Bon ! votre Curé janseniste vous fait ces contes-là !... Aléz, aléz, laissez vous faire ; et votre fort est assuré"... Il n'en dit pas davantage, et fe retira en riant. Mais il confeilla au jeune Prince de ne rien ménager, si la Femme le tentait.

Le jour fuivant, Dulis fe trouva feul avec *Josefine-Denèvres* (MAD. Chevriér). Il fe jeta fur elle ; l'embrassa ; lui prit la gorge par force, et alait lui mettre la main *super nefanda*, quand Quelqu'un fe fit entendre. Il quitta la Belle, et fe jeta dans fon cabinet. C'était le Mari. Quand cet Homme eût dit ce qu'il avait à dire, et qu'il fe fut retiré, Dulis revint. "Vous voulez que je me fasse du mal ! (dit-il à Josefine). J'aurais cru que je vous aurais attachée à moi, en vous fesant du bien ; et je vous en aurais fait ; comme je vous en ferai, Malgré votre dureté pour moi... »Vous voyéz (lui repondit-elle) que Chevriér vous aurais surpris! et que peutêtre il aurait voulu que nous quittassions le château !» Il est vrai ! Mais aimez-moi un-peu, et je serai heureux? ... Il lui prit la main, qu'il baisa. Elle ne la retira pas. »Je voudrais savoir (ajouta-t-il), si je suis en état de me marier : vous n'avéz pas d'Enfans ; c'est sûrement la faute de votre Mari : Laissez-moi essayer si je vous en ferai Un »?... Josefine rougit et ne repondit mot. Elle sortait... Une parole douce? (lui dit Dulis), en lui baisant la main, puis la joue) »Je vous dirai cela, ce soir, après soupér ». Et en achévant ce mot, elle lui rendit un baisér sur la joue, et s'enfuit.

Dulis se trouva très-heureux, après cette réponse! Il ala se promener dans son jardin, grand et vaste enclos. qui était vis-à-vis son Château. Il y trouva le Regisseur-général avec Un Habitant, Notaire et maître d'Ecole du bourg, avec *Lis*, son fils, qui se promenait avec eux, raisonnant sur la culture utile qu'il voulait faire donner au Jardin, en le mettant partie en vergér, et partie en potagér, comme il y était dejà : mais d'une manière mieux entendue et plus fructifere. Le Fils du Notaire ou Tabellion, parut à Dulis rempli d'intelligence sur les détails économiques, et il en fut si satisfait, qu'il proposa au Regisseur général, qui n'était avec lui, que jusqu'a sa majorité, de faire le Père et le Fils Regisseurs de la terre de *Chablis*, et des terres environnantes ? Proposition qui causa une joie infinie au Notaire *Lis*, et à son Fils ? Pour la terre de Courgis, il devait la laisser regir à Chevriér et à sa Femme.

Le soir, après soupér, Dulis n'oublia pas qu'il devait avoir un entretién avec Josephine, sa Femme-de-charge. Il la somma tout-bas de sa parole, en sortant de table. » Dans votre chambre a-coucher) (lui repondit-elle). Dulis y ala, et se mit au lit puis il sonna Josephine. Celle-ci qui avait coutume d'emporter sa lumiére, accourut aussitôt.

Elle était presque deshabillée, n'ayant qu'un corpſet et un jupon. »Voila donc comme vous me tenéz parole ? (lui dit-il). »Certainement ! (lui repondit-elle)... Et elle denoua un cordou; ſon jupon alait tomber, ſi elle ne ſe fut aſsise. Elle ota ſes bas, ſon corpſet ; Dulis vit ſa gorge, elle éteignit une bougie, et ſe mit dans le lit. Le Jeune-homme fut transporté de joie... Il la fourrageait ; mais il était inexprimenté. Elle le dirigea. Elle et ſon Mari s'accordaient, depuis le discours du Regiſſeur et celui de Dulis, à desirer d'avoir un Enfant de leur jeune Seigneur... Dulis dirigé, posseda Josefine, qui ne ſe refuſa pas à le laisser recommeucer pluſieurs-fois. Il eût beaucoup de plaisir ! et dans ſa téte, il reflechissait, Comment il l'engagerait à faire casser ſon mariage, pour l'épouser. Mais les choses vont bien changer de face !

Le lendemain, jour de Pâques, Dulis voulut aler parler à ſon nouveau Régiſſeur de *Châblis*, *Chichée*, etc.a Il y ala au ſortir de la grand'messe. Toute la Famille n'était pas encore rentrée : il n'y avait que le Fils et la Mère. »Je ſuis charmé de vous trouver (dit-il au Fils) ; j'ai à vous parler, de ce que nous avons entâmé hiër. Venéz diner avec moi, votre Père, votre Mère et vous ; ét s'il y a ici d'autres grands Enfans, je ſuis bién-aiſe de les voir, voulant connaître toute la Famille ?... Alons nous-en ?... Songez, Madame, que je vous attendrai, avec votre Famille ? ainſi, ſerréz tout, et ameneź vos Enfans »? En ſortant avec le Fils, il trouva le Père, et lui repeta la même chose... Quand il fut chéz lui avec *Lis* le fils-aîné, il lui parla d'affaires, et avertit Madame Chevrier, que toute cette Famille dinait au château. Elle en parut charmée, aimaut beaucoup *Lis* est ſes Enfans, proches parent des *Denèvres*. Elle fut ravie, lorsqu'elle entendit qu'il les fesait Regiſſeurs de Châblis etc.a : mais qu'il reſervait à elle et à ſon Mari, *Courgis*, *Préhi*, *Chichée*, *Montaleri*, *Saint-Cir*, et *Chitri*, *Bène*...

Au bout d'un quart-d'heure, arrivèrent M. *Lis*

sa Femme sa Fille-aînée ; deux autres Enfans les suivaient. Dulis alait audevant du Notaire. Mais ayant aperçu sa Fille *Jeanne*, il resta comme petrifié ... Il demanda, Qui elle était ? ″C'est ma Fille! (dit le Notaire). ″C'est ma Femme! (reprit le jeune Dulis) Voila précisément Celle que me représentait mon imagination, pour l'aimer et m'y attacher ! mais je ne croyais pas qu'elle existât... Le Père et la Mère étaient si ravis, qu'ils restaient immobiles. Dulis dit au Regisseurs général, aussi son Tuteur: ″Arrangéz cela ; et vîte je veux avoir un ban demain, et être marié dans 8 jours! ″Vous le feréz (repondit-cet Homme); car ce choix conviendra à tout le monde Josephine, qui avait tout entendu, se jeta dans les bras de son Mari, en lui disant ″Nous resterons donc ensemble ! et je suis bien-aise que *cela* ait été ; car *cela* ne pourrait plus être″... Quant à la Jeune-Lis elle était si émue, qu'elle ne respirait qu'à-peine... Elle aimait le Jeune Seigneur, depuis la 1.re vue à la dérobée : car il ne l'avait pas aperçue, lui.

Dulis, qui avait de l'esprit, voyant l'émotion de tout le monde, égaya la conversation par des propos enjoués, avant qu'on se mit à table, et pendant que le Regisseur écrivait une Lettre au Roi, et les bans. La Lettre partit par un Courrier exprés; les bans furent remis le soir au Curé ; on envoya à l'Evêque chercher les dispenses de deux bans, etc.a... On dîna gaiment ; mais sobrement jusques aux Vêpres. Jeanne avait communié à la messe; elle était parée et charmante ! Elle voulut sortir, pour aler à l'église, après le diner ; Dulis lui donna une des clefs de sa chapelle, ajoutant. ″Et gardéz-la ; elle est la vôtre ″Il lui mit audoigt un beau diamant, la baisa sur la bouche, et lui dit : Aléz, mon aimable Epouse, prier le Ciel pour vous et pour moi″. Jeanne-Lis ravie, ala dans la chapelle du Seigneur, à-côté du Maitre-autel, et y fit une ardente prière...

Vêpres ayant sonné, Dulis y ala, avec ses Convives. M. Lis Père, maitre d'école, et son Fils aîné chantèrent au lutrin, comme à l'ordinaire; mais Dulis emmena dans fa chapelle la Mère et les autres Enfans Ce qui fit que Jeanne y resta : car elle alait sortir, pour aler à sa place accoutumée. Dulis dit à la Mère et à la Fille, que le lendemain, il serait à-propos que M.lle Lis assistât à l'office dans la chapelle, pour que tous les ïeux ne se portassent pas sur elle, lors de la publication du ban. Mais cette invitation ne fut pas acceptée : M. Lis observa, que c'était un sujet d'honneur, non de honte.

Après les Vêpres, toute la Famille retourna au château, où l'on devait souper. La Mère seulement ala visiter son ménage ; puis elle revint. Pendant ce temps-là, le Père et le Fils lurent les titres des terres qu'ils alaient regir, et Dulis resta seul avec Jeanne, qu'il ne pouvait plus quitter. Il lui exprima son violent amour, dans les termes les plus forts, et il toucha vivement Celle, dont il possedait deja le cœur. Des Ouvrières, que le Regisseur avait envoyé chercher à Aucerre, arrivèrent alors. On prit des mesures : L'habile Cordoniér *Dhall*, emporta celle du joli pié de Jeanne: Le Courrier devait lui rapporter de Paris des corpsets souples de la ruë *des-Bourdonais*, et quelques chaussures delicates sur une mesure donnée ; ainsi que des bas-de-foie. On disposa le même soir une baignoire pour la future Epouse. En-un-mot, tout alait rapidement, pour les préparatifs.

[La place ne permet pas d'inférer ici le reste de cette Histoire, où il est question de la Mère d'Ysflasie ; nous renvoyons ce Recit à la fin du IVe Volume.

Revenons à Ysflasie ét Klarendon.

Les deux jeunes Ames furent en *Prusse* ... Or il faut savoir, ma chère Femme, que presque toujours les Ames restent sur leur pays, moins par affection pour leur sol natal, que par une curiosité naturelle ét trés-avide, de voir ce que font leurs Successeurs corporés. Ce qui les amenait à *Berlin*, était l'envie de connaître à quoi s'occupait la monade du Grand *Frederick*-le-Législateur, le seul Roi regnant par lui-même, ét qui était tous-à-la-fois son *Richelieu*, son *Colbert*, éf son *Louvois*.

Elles demandèrent *Fréderick*, dès qu'elles furent dans son pays; c'est-à-dire, une demi-seconde après avoir quitté la *France*. On la leur montra. Elle était sur un *tambour*, environnée de tous ses Guerriérs, morts avant elle, Généraux, Officiérs, Grenadiérs, Soldats; on en comptait deux ou trois-cents-mille; toutes distinguées; car les Ames, sans avoir de Corps, conservent, si elles le veulent, l'apparence de ce qu'elles ont été: *Frederick-II* avait la main sur ses ïeux, ét paraissait plongée dans une rêverie profonde. *Voltaire*, la grande, la sublime, l'incomparable *Voltaire*, était assise sur un des genoux du Roi, attentive à tous ses mouvemens. *Fréderick* refléchissait; ét l'on voyait ses pensées floter comme les vagues d'une mër, qui commence à s'ébranler, pour former une tempête... Ysliasie jeune ét jolie (car les Ames conservent leurs agrémens; c'est, comme je l'ai dit, l'avantage qui se trouve à mourir jeune; on reste jolie, quand on fut jolie; les jeunes Laides même ont des grâces, après le dégagement du corps: Mais les Persones qui ont longtemps vêcu, ont un autre avantage; elles paraissent à l'âge qu'elles veulent): Ysliasie donc, jeune ét jolie, s'avança vèrs les Héroïnes Prussiénnes:

» Grande

,, Grand Roi! (lui dit-elle, à la façon dont parlent les Ames); nous sommes des Anglaises, mariées en *Italie*, qui venons t'admirer ,,! *Fréderick* la regarda en souriant, mais sans lui répondre.... Clarendon prit la parole: ,, Sublime Monarque! je t'apporte le tribut de mon admiration ,,! *Fréderick* le caressa, ét le fit mettre auprès de *Voltaire*: ,, Hé-bién, mes Enfans! que pense-t-on de moi, depuis ma dissolution corporelle ,,?
Je cesse malgré moi.

REPONSE A LA XXVIII.me LETTRE.

16 MARS.

Nous n'aimons pas, chèr Ami, quand tu coupes ainsi tes Récits! Il faut attendre à demain, la réponse de Clarendon, sans-doute. Pour t'en punir, je ne répondrai que ce peu de lignes. *Filète* pense comme moi....
Je te quitte pour ton Fils.

XXIX.me LETTRE.

D. m. T.   Derniér Févriér bissextile.

,, O Roi! (répondit Clarendon), nous vous admirons, nous autres Anglais, ét nous vous nommons, *Fréderick-le-Grand*: ,, Vous voyéz que je ne vous flatais pas!

I Volume.   E.

(lui dit *Voltaire*): Je ne vous ai jamais flaté. " Mon glorieux Ami ! (répondit *Fréderick*); mes Generaux que voila, tout héros qu'ils sont, me font moins d'honneur que ton amitié !... Mais, attendons une nouvelle vie corporelle ; nous verrons ce que nous y serons !... Ma douleur est profonde ! Quel Successeur j'ai laissé !... Il n'a conservé, que ce qu'il n'a pu détruire !.... Il montre bien qu'il est ce que je l'avais jugé, hautain, égoïste, fou !... Mais de mon vivant, il se contraignait..... Cependant il ne voyait que des Valets... Quelle conduite il doit tenir en *Hollande* ! Celle d'un Tyran imbecile, qui ne connaît pas les vrais interêts de son Pays ! qui venge, en Roi insensé, une querelle de Famille ! une Femme !....... Hâ ! si j'avais été le Général des *Français* !... Voyez la conduite insidieuse des *Anglais*, que je n'ai jamais aimés !... Hautains, orgueilleux sans sujet, ou avec sujet; mais toujours insupportables !... Se vantant d'être *Romains*, et n'étant que des *Carthaginois*; on le voit à leur *foi punique* ! je les ai toujours bien appréciés ; je n'ai jamais été leur dupe !... Mon Ami ! mon Ami ! si l'on avait encore, dans notre nouvel état, les passions corporelles, que je serais malheureux!... Mais on ne les a plus.... Cependant, je suis peiné! ... Mon Successeur, ingrat envers moi, envers mon Frère *Henri*, est un Fou, sans politique... Je le hais!... ,,Calmez-vous! (lui dit *Voltaire*): Vous avez encore les passions de l'autre vie ,,!.... *Fréderick* se calma.... en se replongeant dans sa rêverie .... Puis s'éveillant tout-à-coup: ,,Que vois-je! l'Insensé *Frédérick-Guillaume* va perdre la *Prusse*! Il s'allie avec toutes les Puissances, pour accabler notre seul soutien! la *France*!.... Il s'allie... avec l'*Empereur*! Avec... l'*Espagne*! l'*Espagne*!... le *Portugal*!... *Naples*! le *Piémont*... Hô la tête lui a tourné!.... Il ne fait.... qu'une chose utile... il envahit une partie de la *Pologne*! Mais est-elle honnête.... Hâ! il va se perdre! Si les *Français* ont le sens-commun, il est pris en *Champagne*, et le troisième Roi de *Prusse*, est prisonnier à Paris!........ Grâce aux menagemens des Généraux *Français*, traîtres à leur Patrie! il s'en retirera ..... Il fera enfin la paix..... Veuille l'éternelle Prudence, qu'il abandonne la *Hollande* à elle-même, et ne s'allie jamais avec l'*Autriche*!

RÉPONSE A LA XXIX.ᵐᵉ LETTRE.

17 mars.

LA Réponse de Clarendon au Roi de *Prusse*, est noble, ét elle aurait été plûs longue, si *Voltaire* ne lui avait pas coupé la parole. Le discours du Roi de Prusse, est dabord flateur pour *Voltaire*, puis foudroyant pour le Roi son Successeur..... Tu remplis bien tes Lettres, mon Ami, ét tu as raison de te reposer des details d'affaires sur ton Secretaire.

Je dois te dire, que ma *Filète* m'a été redemandée par son Mari, qui est devenu jaloux de moi. Ce petit *altercas* me chagrine. *Filète* est restée; mais le Mari nous persécute. J'ai été obligée de chercher le moyen de le calmer par le raisonnement. Mais il parait que le raisonnement ne fait rien à ses motifs; c'est le desir de sa Femme qui le reprend... Je ne sais comment nous ferons; car elle ne veut pas retourner. Je consulterai quelques-Uns de tes Amis, comme le Président *De-Gourgues*, le Président *Sarron*, ét quelques-Autres.... Un Libertin, qui aurait enlevé cette jolie Femme, se moquerait du Mari, ét le ferait enfermer. Les Personnes honnêtes ne peuvent songer à ces moyens odieux.... Cependant j'ai une grande répugnance à la lui rendre! Il me semble que c'est MOI, que je livrerais à cet Homme.... Il faut que je tâche de lui faire entendre raison par le moyen de Mr *Sarron*, qui en a infiniment. Mais c'est que tous me disent: ,,Il a raison! Et les motifs que vous lui opposéz, pour garder sa Femme, sont bien faibles'',,! ... O ma chère *Filète!* te rendrai-je malgré toi!............

XXX.me LETTRE.

D. m. T.   1 Mars.

FRÉDERICK desira d'être seul. Aussitôt ses anciens Généraux se rangèrent tous dans un coin du Tambour. *Voltaire* se leva, et prenant la main d'Ysslasie: ,,Venéz, ma Belle (lui dit-il), que je vous fasse les honneurs de la *Prusse!* Vous ressembléz à Mlle *Du-Noyer*, comme deux gouttes d'eau, Voulez-vous la voir ,,? Ysslasie le voulut: et comme Clarendon n'avait avec elle qu'une volonté, ils furent tous-trois en un instant auprès de la belle Refugiée Française: Car pour plaire à *Voltaire*, elle se mainte-

F 3

naît toujours entre 14 et 15 ans... Pour le Poëte, qui paraissait 30 ans auprès du Roi de *Prusse*, il n'en eût plus que 20 auprès de la jeune et jolie *Pimpette*, à laquelle il n'était reüni, que depuis quelques années.

Clarendon voyant combien ces deux A-mans paraissaient épris l'Un de l'Autre, se fit un plaisir de raconter le couronnement de *Voltaire*, dont il avait été le témoin. Yllasie, qui était aux *Français*, ce jour-là, confirmait tout ce qu'il disait: ″Et les Prédicateurs? Et les Roquets de Seminaire! (dit *Voltaire* en riant), prêchent-t-ils toujours contre moi? ″Hô! c'est un déchaînement d'autant plüs risible (réprit Clarendon), que chaque jeune Séminariste est obligé de déclamer contre vous, pour avoir un bénéfice.... Il vous traite, comme il traiterait l'*Antecrît*, et même un peu plüs mal. ... Dès qu'il a le bénéfice, il achète vos *Œuvres*, et les y lit tranquilement.... Mais ce qu'il y a de plüs plaisant, et ce qui marque combien cette manie est aveugle, c'est qu'on a vu un Prédicateur, parler de vous devant des Paysans, qui se demandaient, en sortant du Sermon, si *Voltaire* était un nouveau nom, qu'on donnait au Diable?

..... Un Chirurgien, qui avait fait ses cours à Paris, leur lut votre Poëme de la *Religion-naturelle*, et ils vous prirent pour un *Saint*: Il leur lut un Dimanche soir votre *Zaïre*, et ils pleurèrent, en vous adorant. Il leur lut *Mahomet*, et ils frémirent!... *Mérope*... et ils embrassèrent leurs Enfans.... On leur lut la *Pucelle*, le dénoûment de l'Ane excepté; et ils rirent comme des Fous.... On leur lut la défense de *Calas*; et ils vous bénirent.... Enfin, on leur lut l'*Ingénu*; et ils demandèrent, Si vous étiez un Ange, ou un Homme?....

— Je cesse ici: je reprendrai demain, belle Hortense!

REPONSE A LA XXXme LETTRE.

18 Mars,

DÉCIDÉMENT je garde ma *Filète*, qui ne veut pas retourner. M^r *De-Sarron* a fait valoir cette raison au Mari, et n'a fait valoir que celle-là. J'ai cependant quelques remords: Si j'étais Mari de *Filète*, voudrais-je qu'on m'en fît autant?.....

Je passe à ta Lettre, mon Ami.... J'aime assez le compte que rend Clarendon à *Voltaire* de sa réputation; ainsi que la petite

F 4

Anecdote de *Pimpette*, qui rajeunit encore *Voltaire*, dans l'autre vie.... Le petit trait, du Roquet échappé du Séminaire, qui prêche une satyre dans un Village, pour s'exercer à la débiter à la Ville, m'a paru curieux, ét montre bien tout ce qui fait parler tous ces vils Insectes sacerdotaux, dont je voudrais bien *voir le Derniér, à son derniér soupir*, sans que pourtant j'en fusse la *cause*. Aussi n'en mourrais-je pas *de plaisir!* ... L'Homme d'esprit, ou de goût, qui rétablit la réputation de *Voltaire*, par la seule lecture de ses Ouvrages, avait le sens droit: C'est la seule manière de défendre victorieusement un Grand-homme!

XXXI.me LETTRE.

D. m. T.   2 Mars.

VOLTAIRE fut enchanté de ce que lui disait Clarendon; ét cette Derniére, ainsi que son Yfflasie, admiraient, ét l'urbanité de *Voltaire*, ét son constant amour pour la jolie Pimpette, ét l'air noble, digne d'un Grand-homme, qu'il avait auprès de *Frédérick*. Elles entrevirent ce pauvre *Trenck*, Capitaine prussien, fait prisonnier, en combatant contre son Pays, ét condamné à mort. Son âme fière conservait encore une impression de tristesse : Il suivait partout *Fréderick*, ét lorsqu'il le voyait rire, il se présentait. *Fréderick* aussitôt devenait serieux. ,, Je suis vengé (disait *Trénck*); j'ai chassé le rire des lèvres de Celui qui fit durer ma mort 15 années entières !... Instruisézvous, Ames des Rois ! ét quand vous retournerez animer des Corps, conservéz, s'il se peut, l'impression que je vous donne !

,, *L'Ame de l'Opprimé chassera le rire, loin de l'Ame de l'Oppresseur* ,, !....... Ythasie ét Clarendon furent attristées : ,, Que la vengeance est terrible ! (pensèrent-elles), contre Ceux qui l'ont exercée ,, !

Après avoir vu *Voltaire* ét *Fréderick*, elles desirèrent de voir *Racine*... Elles ne trouvèrent pas sa Monade ; elle était rentrée dans un Corps depuis quelques mois seulement. Elles souhaitèrent de savoir, Quelle condition il avait choisie ?... Elle avait desiré d'entrer dans le FŒTUS d'un Fils Roi, ét *Marie-Antoinette d'Autriche*, fille de l'Empereur d'Allemagne, devenue femme du Dauphin depuis Louis-XVI, la portait alors.... Elles ne la virent donc pas... Il

F 5

est remort jeune. Il fut doux, caressant; mais facile à irriter.

Ysflasie et Clarendon desirèrent alors de voir *Lafontaine*. Il était replacé dans un nouveau corps, depuis plusieurs années. Elles alèrent le voir; et le bon, le simple Lafontaine, animait le corps d'un jeune Muletiér. Elles entendirent faire une question au Rustre, par une belle Voyageuse: ,, L'Ami ? comment te trouves-tu dans ton état? ,, Bién. ,, Ne t'y manque-t-il rién ? ,, Non; si ce n'est.... ,, Hâ! quoi ? parle ? ,, Une belle Dame comme vous ,,. La Dame était était Italiénne, et l'on dit qu'elle ne voulut pas qu'il manquât quelque-chose au bonheur du jeune Muletiér. ,, Hébién! (dit Clarendon). tout Muletiér qu'il est, il a encore rencontré une *La-Sablière* ,,! ... Ysflasie rougit, comme rougissent les Ames: Mais elle n'en regarda pas moins ce qui se passait......

,, Mondieu! (dit Clarendon), que je voudrais voir *Bossuët!* Il faut le demander ,,.

REPONSE A LA XXXI.ᵐᵉ LETTRE.

19 Mars.

Tu as trouvé, chèr Mari, l'Enfer des

Rois, fans le chercher peutêtre; ét cet Enfer-là en vaut bién un-autre!.... *Racine* ét *Lafontaine* font asséz bién caracterisés, quoiqu'on n'ait pu que les entrevoir.

J'ai abfolument, ét fans nul obstacle, ma *Filète*. Son Mari lui a fait proposer de demander une féparation de corps ét de biéns; ét cela est arrangé. Elle garda même fon Fils: Mais c'est du confentement du Père. Elle doit vivre chéz Moi, ou au Couvent. Elle vivra chéz Moi, tant que j'existerai: Et fi je cessais, tout ce qui m'aime, aimera *Filète*.
(On fait qu'on fupprime les détailss d'affaires).

XXXII.me LETTRE.

D. m. T.   *Florence.* 3 Mars.

"Oui (dit *Yfflasie*), demandons *Boffuët*". L'effet fuivit le desir. *Boffuët* n'était pas encore repassé dans un Corps.

Elles la trouvèrent entourée de sept à huit jeunes Ames, avec lesquelles elle jouait à la fossette.... Il y avait une belle Monade, qui paraissait bouder à l'écart. *Yfflasie* ét *Clarendon* la regardaient, fan, la connaître; mais elles le desiraient beaucoup!.... Ce desir fut aperçu par une des

Monades voisines, très-instruite et très-jaseuse! C'était celle de Mad. *De-Sévigné*.
"Vous desirez savoir, Nouvelles-venues, quelle est cette belle Monade qui boude?
"Hô! oui! (répondit Yffasie). "C'est la belle *Ninon*. Elle est mère de tous ces jolis Enfans que vous voyez, et *Boſſuët* en est le père. Ils ne paraissaient pas liés; ils ne se voyaient jamais en Publiq: Mais elle le recevait en secret; elle l'adorait; et si elle lui fesait des infidélités, c'était lui qui l'exigeait, pour mieux cacher leur intrigue. Telle était celle avec le Comédien *Pécour*, que *Ninon* a toujours detesté. Elle boude *Boſſuët*, parcequ'il s'amuse davantage avec ses Enfans, qu'avec elle. En-effet, pendant leur vie corporelle, *Boſſuët*, qui avait l'esprit juste, n'aimait *Ninon*, que parceque c'était un joli Moûle à Enfans, et parcequ'elle était féconde! Elle s'en aperçut: et comme elle l'aimait à l'excès, elle en fut presque bleſſée!... "Ma Femme (répondit *Boſſuët* à ses plaintes); car ils étaient mariés; un Prêtre Irlandais avait fait la cérémonie, sans les connaître): Ma Femme! il faut toujours que la Nature soit la base de nos goûts et de notre attachement

C'est à votre fécondité, que tient ma constance. Je vous trouve charmante, sans-
doute; mais je me serais bientôt lassé de se-
mer une terre stérile. Je vous adore;...
non comme *Diane*, ou comme *Vénus*; mais
comme *Cybèle*, mère productrice »... *Ninon* enrageait quelquefois, de cette *paidó-
manie* de son cher Epoux! Mais qu'y faire?
Elle l'adorait »... Ainsi parla rapidement
la Monade *Sevigné*.

Plûs loin.... Mais je cesse. Demain, je
continuerai.

REPONSE A LA XXXII.me LETTRE.

20 MARS.

Nous ignorions cette Anecdote de *Boffuët*, mes Amies et moi. Elle augmente notre estime pour lui. Ce n'est pas que nous
le regardions comme un Grand-homme;
Il n'avait qu'un mérite provincial, qui se
livre tout à un genre futil, tel que les Orai-
sons funèbres, comme si ce genre avait la
plus haute importance. Cela vient, selon
MAD. *De-Beauchamois*, de ce que les Provin-
ciaux, qu'on nomme bien élevés, par op-
position aux Rustres, ont une haute idée
de tout ce qui se fait à la Ville. L'*Hiftoi*-

re prétendue *univerfelle* de *Boffuet* (ajou‑
tait‑elle), est un pitoyable Ouvrage; fu‑
til, ét fuperficiel, ne parlant que de la
Horde Juive, comme s'il parlait de tous les
Peuples du Monde....

Mad. *De-Marigni*, elle, fait un reproche
à Louis-XIV; celui du goût de la repréſen‑
tation magnifique: „Je me le repréſente
quelquefois (ajoute‑t‑elle), comme un grand
Poliçon de 16 ans, préſidant un repoſoir
d'Enfans, dans une après‑midi de *Fête‑dieu*,
revêtu d'une belle chaſuble de papiér doré.
Il avait donné ce goût à ſes Evêques et à
ſes Parlemens... C'est un goût puéril„.

O mon Ami! comme elles ſont criti‑
ques!... *Filète* ét moi, nous ne critiquons
rien, ni Perſone.

XXXIII.me LETTRE.

D. m. T.   4 Mars.

HIER, je diſais: Que plüs loin, Yſſasie ét
Clarendon avaient vu un grand Garſon, aſ‑
ſéz mauvais ſujét, qui ſe moquait du Saint
Evêque, derniér Père de l'Egliſe. Yſſaſie
voulait interroger *Sévigné*?... Elle était
loin, occupée à careſſer *Grignan*, ſa Fille,
qui la repouſſait, parcequ'elle avait pu‑

blié un Mémoire déchirant contr'elle, dans un procès qu'elles avaient-eü ensemble!... Aulieu de *Sévigné*, Ysflasie se trouva tout-près des *Deshoulières*, Mère et Fille, qui ne se quittaient pas, et qui voulaient se recorporer ensemble, dans un même Corps: (Ce qui arrive quelquefois; car il est une infinité d'Anecdotes de ce genre, qui se découvrent à-la-longue). Ysflasie lui demanda, Quel était ce Poliçon? ,, C'est (répondit la Mère), *Sainthiacinte*, fils-aîné de *Bossuet*, qui (par parenthèse), était trigame, comme les Patriarches. La *Sévigné* n'a pas voulu vous le dire; mais moi, je vous l'apprens. Voyez-vous cette Monade, qui se sent encore d'avoir été paysanne?... C'était une belle grosse Cuisinière, qu'il avait aussi épousée, qui lui a donné ce fils. ,, Je crois, Maman, qu'il a eü trois Femmes? (dit la Fille *Deshoulières*): car on prétend, qu'il avait encore épousé une jolie Personne?.... ,, Paix! (interrompit la Mère), ne parlons pas de Celle-là!... Tout ce que je puis dire, c'est qu'il avait pour maxime, qu'on peut avoir autant d'Epouses légitimes, qu'il en faut, pour ne plus approcher Celles qui sont *fécondées*. C'était en cela qu'il fesait confister la vraie pureté, la véritable chasteté *. ,, Et il avait raison (dit une Monade fingulière, qui avait quelque-chose de grand, de noble, et d'extrêmement spirituel.) ,, Quelle est cette Ame (dit Yfflasie aux *Deshouliéres*). ,, C'est le *Régent*. ,, Hâ ! s'écriérent les deux Amans) ; que nous fommes charmées de le rencontrer ! ,, Il faut que je lui parle (ajouta Clarendon).... Le *Régent* était déja loin ,, !...

,, Je voudrais trouver aussi *Moliére* ? (dit Yfflasie). ,, Il est recorporé (répondit une Monade douce et liante, qui avait quelque-chose de béat). ,, Hé ! qu'est-il ? ,, Venéz voir ,,.... C'est le feul Homme que j'aye véritablement aimé : Mais il ne l'a jamais fu ,,....

A demain, ma feule aimée Hortenfe.... Vous voyéz que j'ai de bons Mémoires, pour toutes ces Anecdotes, que je vous rapporte ? Que vos deux Amies ne les critiquent pas ! Ces *Mémoires* ne font pas publiés, et ne le feront probablement jamais.

* Cette morale eſt ſurtout établie dans L'ENCLOS ET LES OISEAUX, Ouvrage actuellement ſous preſſe.

REPONSE A LA XXXIII.me LETTRE.

21 Mars.

Ha! voila de l'interêt! chër Mari!... Mes deux Amies voudraient savoir, quels sont ces *Mémoires*, où tu puises, et quel en est l'Auteur?... Tu nous le diras, si tu veux. Mais *Filéte* a une curiosité, qu'il faut absolument satisfaire; car je l'ai aussi: Quelle est cette troisième Femme de *Bossuët*?... Mes Amies présument que c'est la *Maintenon*; ou *Henriette d'Angleterre*, Duchesse d'Orleans; ou... ,,Une Fille de Bourreau, qui était charmante! (a dit en entrant Mad. *Du-Bocage*): C'est une histoire que j'ai entendu faire autrefois,,.... Nous avons été pétrifiées de cette Anecdote. ,,Peut-on croire cette Femme? (a demandé *Filéte*). ,,Hâ! certainement! (a dit Mad. *De-Beauchamois*); c'est mon Amie, et elle est d'une moralité, qui ne lui permet pas le mensonge.... Tu decideras la question, bon Mari, dans une quinzaine de jours?

XXXIV.me LETTRE.

D. m. T. 5 Mars.

Quelle est Celle qui disait, en parlant

de *Molière*, " C'est le seul Homme que j'aye véritablement aimé ? Je le donnerais à deviner à ces deux Ames, en cent.... Mad. *De-Maintenon* (car c'était elle), nous conduisit à *Saintcyr*, où nous aperçumes *Molière*, continuellement occupé à regarder les Demoiselles Elèves. Tout ce qui le contrariait, c'était de ne pouvoir pas jouer quelques tours au plus jolies.... " Mais la Nature ne l'a pas permis ; parceque'il faut que les *Corporés* vivent tranquiles : La communication entre les deux existances est absolument interdite; parceque les *Corporés*, tourmentés par des Etres invisibles, seraient trop malheureux. Desespérés, ils ne voudraient plus se conserver, et le Monde visible finirait. Ce qui est contraire aux décrets de la Providence " (c'est mad. *de-Maintenon* qui parle).

Yfflasie et Clarendon saluèrent le Père de la Comédie, et lui apprirent que *Mercier* venait de mettre son caractère et sa *Maison* sur la scène. " Je le sais (répondit *Molière*); et j'ai pleuré de joie, en me revoyant presqu'au naturel dans le jeune Artiste *Fleuri*. Nous tenons encore à cette grossière existance, qui doit recommencer, ét dont l'éloignement, ou la répugnance que naturellement elle doit inspirer, diminue à-mesure que l'instant de la reprendre s'approche. Par-exemple, c'est demain que je dois rentrer dans le premiér corps français ét parisién, qui recevra l'impulſion de la vie. Obſervéz-moi, ét s'il est poſſible, ne me perdéz pas de vue jusqu'à ce moment.... Mais de quoi cela me servira-t-il ?... Je ſerai peutêtre un des Modèles des Ridicules que j'ai joués? ,,Non! (lui répondit Clarendon); ils ne font que trop détruits ,,.... Pendant ce discours, la belle *Daubigné* regardait *Molière* : ,,Hêlas! (dit-elle), je vous ſurvivrai trop longtemps!... Quel bonheur, ſi je pouvais renaître aſſéz tôt, pour être votre *Béjart!...* Hâ! comme je vous aimerais, comme je ſerais heureuse!... Que je voudrais être jolie, charmante, riche! avoir mille talens, de l'esprit! ... Que je voudrais que vous fuſſiéz déja ſur le retour, pour mieux vous prouver ma tendreſſe ét mon dévoûment!.... *Molière* parut attendri; il baisa les mains de la belle Veuve, en cachant ſes larmes.

Au même instant la Nature ſe fit entendre: ,,Ame humaine... dont le tour est arrivé... entre dans la carrière... de la vie corporée,,... *Molière* disparut. Yfflasie, Clarendon et la belle *Daubigné* suivirent ses traces. Ils se trouvèrent dans un hôtel magnifique, et ils virent deux nouveaux Epoux parfaitement heureux, qui se livraient aux délices d'un amour legitime. ,,Hâ! (dit la Veuve de *Scarron*), *Molière* sera heureux; car il sera vertüeux et beau! je le vois à la sérénité de ces jeunes Epoux,,!

REPONSE A LA XXXIV.me LETTRE.

22 Mars.

Non, chër Mari, je n'aurais pas deviné que c'était MAD. *de-Maintenon*. Mais Une de mes deux Amies le savait. Elle nous a dit, que MAD. *Scarron*, même du vivant de son Mari, qui fesait aussi des Comédies, mais burlesques, était devenue amoureuse de *Molière*, et qu'elle projetait, en voyant son Mari dépérir, de se présenter à lui, et de le prier de la former, pour la faire entrer dans sa Troupe: Que *Scarron* étant mort, et différens obstacles s'étant rencontrés, la Veuve *Scarron* n'ala, pour parler à *Molière*, que trois jours avant sa mort. Le Père de la Comédie l'accueillit avec distinction, ét lui dit, ,,Madame, vous feréz plûs la fortune de mon Théatre, par vos talens naturels, ét votre beauté, que moi par mes Pièces ,,. Les choses en étaient-là, quand *Molière* mourut, comme on fait,... Je vois mon Ami, que tu puises dans de bonnes fources.....

Ma *Filète* est toute triste, depuis quelques jours. Nous parlions de toi, avanthiër, ét je dis, Que fi je te perdais, je ne te furvivrais pas.... Elle pâlit.... Il faut, pour la confoler, que je lui repète à chaque instant, que je vivrais pour mon Fils ét pour elle.

XXXV.me LETTRE.

D. m. T.   6 Mars.

YFFLASIE ét Clarendon laissèrent la tendre *Daubigné* auprès de *Molière-fœtus*. On afsure qu'elle ne le quitte plus, ét qu'elle fuit tous les mouvemens de fa Mère.... Mais, hêlas! elle ne peut rién!.... C'est la feule peine des Ames, que cette impuissance fur les corps, ét elle est quelquefois cruelle!... Auffi, elles feraient trop heureuses, fi elles avaient du pouvoir, ét il n'existe pas de parfait bonheur, même pour la Divinité.... Elle peut tout, parce-qu'elle est tout; mais puisqu'elle est tout, elle a bonheur et malheur.... Il y aurait encore un autre inconvénient, outre ceux dont je parlais hiër, à l'influence des Ames étrangères sur Celles qui sont dans les corps: C'est que Celles-ci n'agiraient plus d elles-mêmes: Elles seraient perpétuellement guidées par leurs Amis, ou égarées par leurs Ennemis; et la Nature, la raison veulent que les Êtres corporés se conduisent par eux-mêmes.

Yfflasie était bien curieuse de savoir, qu'elle était la troisième Femme de *Bossuet*? Mais elle ne savait à qui le demander. Elle alait retourner auprès de Mad. *de-Maintenon*, lorsqu'elle aperçut une belle Monade, un-peu triste, qui paraissait chercher Quelqu'une. Elle lui demanda, ce qu'elle souhaitait? ,,Je cherche Louis-xiv (repondit la Monade attristée). ,,Et qui êtes-vous, belle Ame? ,,J'étais *Racine*. ,,En-verité (dit Yfflasie à Clarendon), c'est une heureuse rencontre. ,,J'ai une grande nouvelle à faire annoncer à *Louis-le-Grand*! (reprit *Racine*): Quoiqu'il m'ait causé bien du chagrin, je l'aime encore....

Il se reproche quelquefois d'avoir été peu constant pour *La-Valière* : Mais il faut que je lui revèle un myſtère ; Quand elle s'est faite Carmelite, elle aimait *Boſſuët*, qui l'épouſa ſecrettement, ét au ſu de la Supérieure ſeulement : Ils entretinrent, par le moyén de Celle-ci, un commerce delicieux, qui les rendit également heureux l'Un ét l'Autre. ,, Voila ce que je voulais ſavoir ! (s'écria la jeune Yfflaſie ,,).... Elle remercia *Racine*, ét courut chercher *La-Valière*.

Elle la trouva... (c'est-à-dire qu'Elle ét Clarendon la trouvèrent), dans la même position que la belle *Daubigné*. *Boſſuët* venait de rentrer dans un corps ; il était fœtus, ce grand Orateur, dans le ſein d'une Jeunefille-de-modes à la *Toilette-de-Vénus*, ruë *Honoré*. La Jeuneperſonne, qui était d'une mutine figure, n'était pas encore mariée. Elle avait trompé ſa Mère, pour aler coucher en Ville, ét c'était chéz ſon Amant, jeune Avocat de 27 ans, qui avait déja de la réputation, ét qui avait une Maîtresse, en attendant qu'il trouvât un riche Parti.... *La-Valière* fut indignée de voir *Boſſuët* destiné à être le Bâtard d'une petite Fille-de-modes ét d'un petit Avo-

cat!...... Mais elle ne pouvait rien!......
Cependant elle était si fort-éprise, qu'elle
resolut de passer sa vie corporelle, à suivre
celle du petit Bâtard. Elle ne quitta plus
la Fille-de-modes....

Je continuerai cette interessante histoire. Elle me fait plaisir: Et si c'était une illusion, sans fondement, ma belle Hortense, elle ne charmerait pas le temps passé loin de vous.

REPONSE A LA XXXV.me LETTRE.

23 Mars.

Il aurait falu voir la mine alongée de Celle de mes Amies, qui avait soutenu la véracité de Mad. *du-Bocage*!... On n'a cependant rien dit, qui pût compromettre la tienne, et c'est une grande modération! Aussi mon, Amie en question, est-elle la douceur même. Persone n'a souri, ni ouvertement, ni en-dessous. Ma *Filette* est, de ce côté-là, d'une retenue sans égale.... Nous attendons avec impatience, ce que vont devenir *Bossuët* et *La-Valière*... Grand-Dieu! si les Corporés lisaient dans l'âme comme toi, mon Ami, quel étonnement!......

[*Ici des affaires*].

XXXVI.me

XXXVI.me LETTRE.

D. m. T. 7 mars.

LE petit *Boſſuët* (qui ſe nomma le petit *Hardoüin-Monclard*, du nom de ſon Père et de ſa Mère), vint au monde aubout de neuf mois, chez une Sagefemme, où ſon Père avait mis ſa Mère, à l'inſu des Parens. Il était ſi joli, que la jeune Maman l'aima, dès qu'elle l'eût vu, à-la-folie!... Elle employa les prières et les larmes, pour engajer l'Avocat à le mettre en nourrice? Mais les jeunes-gens de notre Siècle ſont égoïſtes, durs; il refuſait. *La-Valière*, témoin de tout, frémiſſait d'indignation : Elle ſe jeta ſur l'Avocat, et le voulut égratigner. Mais ſes ongles incorporels, ne feſaient auqu'un impreſſion : Tel, ét mille fois plus encore, un Moucheron, qui, s'appuyant ſur les épaiſſes murâilles du *Louvre*, voudrait les renverſer..... *La-Valière*, qui ſait qu'elle ne peut rién, implore la Celeſte-Puiſſance, pour entrer dans un corps; elle eſpère que le hazard la pourla faire rencontrer avec *Boſſuet*, ét qu'elle pourrait encore être ſon Amante. Mais les évènemens la fecondèrent encore mieux.

I Volume. G

Elle entra dans le corps du Fils d'un Duc, et aulieu d'être Fille, elle fut Garſon.....
Il faut achever cette histoire, quoiqu'elle ne ſe ſoit terminée que longtemps après.

Boſſuet fut mis en nourrice, aux dépens de la Fille-de-modes, qui l'éleva. Il ſe nomma *Laurent*. Il n'avait encore que 9 ans, qu'elle le menait avec elle, en *Jockey*, porter des cartons. La Duchesse, mère du petit *La-Valière* (nommé le Comte *de-Chinon*), vit cet Enfant, ét desira de l'avoir pour Domestiq. La Fille-de-modes, qui n'était par fort à-ſon-aiſe, ét qui n'aimait plus l'Avocat, fut charmée d'être débarraſſée de cet Enfant. La Duchesse *Fronſac* en fit le Jockey de ſon Fils, plûs jeune d'un an que *Laurent-Boſſuet*. Je ne ſais ſi c'était reminiſcence; mais Yſflaſie ét Clarendon obſervèrent, que le petit Comte aimait tendrement ſon Jockey.... Ils grandirent. On donna des Maîtres au petit *Chinon*... Ce fut *Laurent* qui en profita. Il apprenait avec une merveilleuse facilité! il étonnait ſes Maîtres, par ſon esprit ét ſa pénétration.... L'Inſtituteur, qui n'était pas mal-adroit, eût ſoin que *Laurent* suggérât au jeune *Chinon*, tout ce qu'il imaginait de spirituel; ét lorsque le Gouverneur alait devant le Duc ét la Duchesse, il leur fesait rendre par leur Fils, les repliques ingénieuses de *Laurent*.... Malheureusement ce Derniér eût de la vanité! Il se vanta de ses progrès, ét d'avoir, à lui-seul, l'esprit de deux, ét même de trois. Le Gouverneur le sut, ét le prit en haîne. On ne garda le petit *Bâtard*, que jusqu'au moment où les études furent achevées; ét alors l'Instituteur le fit chasser, sous prétexte de discours, ou même d'écrits, contre le Duc ét la Duchesse. Le Comte *de-Chinon* pleura de regret de s'en voir separé! Il le fit secrettement replacer Jockey auprès de la Mère d'une Maîtresse qu'il entretenait. Desorte que *Bossuet* devint le Laquais de cette Femme, ét le Commissionnaire de confiance de sa Fille.

REPONSE A LA XXXVI.ᵐᵉ LETTRE.

24 Mars.

MADAME *du-Boccage* est revenue, chér Mari. Elle soutiént son dire, que *Bossuet* avait une troisième ou quatrième Femme, fille très-jolie du Bourreau de Paris, ét qu'il l'avait logée ruë *de-la-Lune*, où elle l'a connue vieille, elle étant encore Enfant.... Elle a rêvé, quand nous lui avons lu ta dernière Lettre. ″Hâ! c'est drôle! je connais le Comte *de-Chinon*, ét fa Maîtresse! Une chose fingulière, c'est qu'il l'a aussi logée ruë *de-la-Lune!* Le *Jockey* est venu deux-fois chéz Moi, fort-maigre, la dernière. Je l'ai fait causer : Il me paraît avoir de l'esprit. Il m'a femblé entrevoir, que la Mère... le fait... coucher avec elle, ét que la Fille... s'en fert quelquefois le jour.... Comme il a beaucoup de finesse, je lui ai fait entendre, qu'il falait fe menager ″.....

Voila ce que la vieille Muse nous a dit .... *Filète* en était un-peu scandalisée. Mais la Comtesse ét la Marquise ont multiplié les questions. Il y a des Enfans de *Boffuet* ét de fa quatrième Femme; entr'autres une Fille, qui a éte fort-belle, ét qui a été fort-connue!... Nous avons voulu favoir, qui c'était; ét nous avons fu, que cette Enfant, avait été fubstituée en nourrice, avait été Mlle *Poiffon*, puis Mad. d'*Etiolles* ét enfin, Mad. *de-Pompadour*....

Mad. *du-Boccage* n'a pas voulu s'expliquer sur les avantures de *Bossuet-Jockey*.

XXXVII.e LETTRE.

D. m. T.   8 Mars.

YFFLASIE et Clarendon étaient bien étonnées de l'aveuglement des Ames, lorsqu'une fois elles sont rentrées dans un corps ! Elles en gemissaient !... Cependant, elles observaient deux choses ; c'est qu'elles conservaient aveuglément quelques-unes de leurs anciénnes inclinations ; et la seconde, qu'un Homme savant et spirituel, replacé dans un corps bién organisé, avait une singulière aptitude aux études et aux sciences.

Le Comte de *Chinon* se maria. Ce qui le brouilla avec sa Maîtresse. Attaché à *Laurent-Bossuet* par une aveugle sympatie, il lui proposa de quitter la petite *Henriette*, pour se donner à la Comtesse future Duchesse son Epouse ? Laurent qui aimait *Henriette*, ét qui voyait jour à pouvoir l'épouser, hésita. Le Comte le mena par-hazard à son hôtel : Laurent y vit la jeune et belle Chinon ; il quitta furlechamp fon *Henriette*, quoique Celle-ci, (depuis Mad. *Dubarri*), eût eü pour lui mille bontés.

La jeune *Chinon* était fort belle! *Laurent-Boffuet*, qui était d'une complexion très-érotique, en devint éperdûment amoureux! Rien de ce qu'il put fe dire à lui-même, fur cette paffion, ne parvint à le guerir!... La Comtesse était haute, vertüeuse, et très-éprise de fon Mari: Ainfi, quoique le Valet-de-chambre fût beau Carfon, elle ne le regardait qu'avec dedain.... La paffion fermentait: *Laurent* approchait de très-près la belle Comtesse: Il ne put commander à fes desirs. Il resolut donc un-jour.... Chose étrange!... d'en demander à fon Maître, la poffeffion..... Il lui voyait une inclination pour lui, qu'il crut un goût à la d'*Elbeuf*: Il lui proposa fa Perfonne, en échange de celle de Madame?... *Chinon*, autrefois la tendre *La-Valière*, frémit; mais il ne chassa pas *Laurent*: Un attachement aveugle et infurmontable s'y opposait.... *Laurent*, enhardi par cette indulgente faibleffe, resolut un-foir, de donner à fon Maître un foporatif puissant, de le tirer adroitement du lit, et de le remplacer.

 Il executa ce coupable projet.... La dose d'*Opium* était apparemment trop forte. *Chinon* en mourut....

 Cependant le Coupable jouissait du fuccès de fa criminelle adreffe...., Il ne fe retira que fort tard, et voulut remettre le Comte au lit, auprès de fon Epoufe endormie. Il était froid..... *Laurent* fe retira néanmoins.

 Le matin, on trouva mort le Jeune Epoux... On étouffa cette affaire : Mais on ouvrit le corps : On vit la cause de l'accident. On s'informa aux Apothiquaires? On fut qu'un Jeunehomme, qui reffemblait à *Laurent*, avait acheté de l'Opium.... On l'enferma; on le menaça; on lui chauffa les piéds, et il avoua tout.... On le fit périr fecrettement, parceque la jeune Comtesse, dont les Parens avaient feuls le fecret de l'attentat, s'aperçurent qu'elle devenait enceinte. Ils publièrent même, que le Comte avait pris de l'Opium, au lieu d'un aphrodisiaque, et qu'il s'était empoisonné lui-même; que *Laurent*, qui avait commis l'erreur, était mort de desespoir. G 4

Les deux Ames de *Boſſuet* et de *La-Valière* ſe joignirent alors.... Hâ! quels regrets n'eût pas la tendre Amante!.... *Boſſuet*, de ſon côté, fut très-refroidi pour elle! Il ne respirait que pour la belle veuve *Chinon!*.... Heureusement elle mourut en couches, et il eût le bonheur de ſe présenter le premier devant elle, au ſortir du corps.... Elle le reconnut: Il lui fit ſa double histoire, et elle l'aima.

RÉFONSE A LA XXXVII.me LETTRE.

25 MARS.

Tu as donné là, chër Epoux, une vie bien triste à *La-Valière* et à *Boſſuet*, à leur recorporation! et ta Lettre, reçue avec transport, nous a laissées dans la mélancolie, apiès l'avoir lue. Cependant je conviens que cette marche m'amuse et m'interesse. La Comtesse assure, que ce n'est pas-là du-tout l'histoire de *Chinon*. La Marquise proteste, que ce n'est pas non-plus l'origine de MAD. *de-Pompadour*. Pour MAD. *du-Barri*, elle te l'abandonne.... J'aurais voulu que MAD. *du-Boccage* fût arrivée.....

Hâ! la voici!...

Nous lui avons exposé nos doutes..... Mes deux Amies font desesperées! La Vieille Muse assure que tu as raison, Mari! et que MAD. *de-Pompadour* et MAD. *du-Barri* viénnent de-là.... *Filéte* a fouri. ,, Hâ! oui, fouriéz! (lui a dit la Marquise): Je fuis fûr que MAD. *du-Boccage* s'amuse, et qu'elle vous dit, comme à des Enfans-gâtés, que les chimères de votre Bon-ami font vraies ,,! La Vieille Dame a dit fèchement, Qu'elle parlait férieusement. Et MAD. *de-Beauchamois* s'est rendue. Il a bién falu que la Marquise fe rendît aussi.....

Je te rens compte de nos petites altercations, Mari, parcequ'elles font ton Ouvrage. Si j'avais ton imagination, je t'écrirais des choses plûs interessantes....

XXXVIIIme LETTRE.

D. m. T.   9 MARS.

LA-VALLIÈRE fut au-desespoir, en voyant l'infidelité de *Boffuet!* Et comme elle était maîtresse d'être du fexe de fon derniér, ou de fon avant-derniér corps, elle voulut encore être âme masculine, se présenter à sa Femme, et l'emporter sur un *Jockey*.... Mais on sait que *Bossuet* s'était expliqué déja. Et il s'était trouvé, que, dans sa précédente vie corporée, la Comtesse *de Chinon* avait été Mad. *Henriette-d'Angleterre*, que *Bossuet* avait adorée secrettement. *Henriette* avait été charmée de se retrouver avec son Orateur funèbre, et de profiter de l'égalité des Ames, pour l'aimer. Ainsi lorsque le Mari *Chinon-La-Vallière* se préenta comme Mari, *Henriette*, qui, comme telle, n'était pas très-contente des mariages relevés, ne marqua que du dédain. *Chinon-La Vallière* fut très-mortifié d'échouer des deux côtés, il quitta *Bossuet* pour jamais, et ala voir ce que fesait *Louis-XIV*.

Il y avait quelque-temps que l'ancién Monarque était recorporé. *La-Vallière* s'informa? Un Courtisan, qui était à sa seconde vie corporée, avant que *Louis-XIV* ne repassât dans un autre corps, et qui ne l'avait perdu-de-vue que pendant une vie corporée très courte, ayant été tué en duel à 17 ans, apprit à *La-Villière*, que l'ancién *Dieu* des *Français* était dans le corps d'un fœtus procreé par un *Violon* de la *Courtille*. *La-Valliere* y courut. Elle trouva la Femme du Violon enceinte. Elle attendit que cette Femme devint mère. La Femme du Violon accoucha. *La-Valliere* vit un petit Embryon asséz laid, très-mesquin. Elle attendit qu'il grandît: et aubout de quelques années, elle le trouva demi-nu, qui jouait avec trois ou quatre autres Poliçons de son âge, au *petit-pot*, à l'entrée de la rue du fauxbourg *du-Temple*. Elle fut touchée de compassion, en voyant ce grand Monarque avec une culote si déchirée, que lorsqu'il se baissait, il ressemblait à un *Montagnard-d'Ecosse*. Un des Joueurs voulut tricher. *Louis-XIV*, qui se nommait alors *Pierrot*, se leva irrité, et d'un revërs de main, le renversa par-terre. Ce Poliçon-tricheur, avait un Frère dans la Compagnie: Tous-deux se jetèrent sur *Louis-Pierrot*, et commençaient à le gourmer d'importance, quand la douleur ranimant son courage, il se debarrassa d'eux; les pelota, et finit par les rouler dans des marais ou potagérs profonds. C'est ainsi qu'autrefois, il avait été prêt à submerger la Hollande....

Voila trois Lettres sans un mot de mon amour, belle Amie ! Est-il des termes pour exprimer combien je vous aime ?

REPONSE A LA XXXVIII.me LETTRE.

26 Mars.

VOILA donc le grand *Louis-XIV*, qui n'est pas mieux traité que les Autres, à une seconde vie !... Hé-mais : Vous donnéz donc aussi une apparence de gain-de-cause à Celle de mes Amies, qui prétendait qu'*Henriette-d'Angleterre*, petite fille de *Henri-IV*, avait été la troisième Femme simultanée de *Bossuet* ? *Louis-XIV-Pierrot*, mais rossant le Tricheur, fait faire des reflexions. L'on se sent toujours un-peu de ce qu'on a été. Nous alons nous exercer, mes Amies et Moi, à deviner ce qu'ont été les Gens que nous verrons. *Filete* m'assure qu'elle n'en manquera pas Un.

(*Postcripton des Affaires, supprimé*).

XXXIX.me LETTRE.

D. m. T. 10 Mars.

YFFLASIE et Clarendon virent une foule d'avantures de *Louis-XIV-Pierrot*. Ils trouvaient un plaisir infini à suivre les catastrophes humaines. Ils étaient morts trop jeunes dans leur vie corporée, pour en avoir eües; et quant à leur vie intellectuelle, ils y étaient encore trop nouveaux, pour s'affliger déja de ne pouvoir conferver toujours la philosophie qu'ils aqueraient. Ils rencontrèrent l'Ame de *J.-J.-Rouſſeau*, qui leur dit: ,, Il est inconcevable pour les Corporels, combién, dans l'état d'âme, on voit avec indifférence les évènemens les plûs desastreux! ... Hêlas! dès que la mort n'est rién, tout le reste est bién moins encore!.... C'est une pauvre philosophie, que celle qui dit, Que la mort est le plûs grand des maux! C'est raisonner comme le Condamné qu'on mène au gibêt. La mort est le derniér terme du malheur. Celui qui paraît la desirer, ne souhaite pas la mort, mais la cessation du mal. La mort ardemment appelée, lui fait encore horreur. Aulieu que les Ames voyant clairement, que le plûs grand des maux n'est qu'un changement avantageux, elles rient de toutes les peines de la vie, comme d'un rêve, tout en convenant, qu'il en est de pénibles. Tout est type et image, dans la Nature : Elle nous a donné une idée des deux vies alternatives, dont nous jouissons sans-cesse, par l'état de la veille, et par celui du sommeil. L'état de veille ressemble à la vie incorporée, dont nous jouissons aujourdhui, et l'état de sommeil à la vie corporée, dont nous sortons vous et moi ".

Cette idée de *J.-J.-Rouſseau* parut lumineuse aux deux Amantes ; et elles remercièrent le Grand-homme, qui venait de la leur donner.... Yfflasie lui demanda, S'il était vrai, qu'il eût été paradoxal dans ses écrits ? " J'y tiens très-peu, à-présent (repondit-il); et ils me seront parfaitement étrangers, à ma première vie corporée ; peutêtre même en serai je le critique le plûs acharné ; car j'ai ouï-dire ici, que c'était une tradition, que la Monade de *Zoïle*, avait été *Homère*; celle de *Lamote*, *Ariſtote*; celle de *Calvin*, *Saintbernard*, etc : Ce qui me fait penſer de la sorte, c'est que je vois à-présent, combién mes Ouvrages sont imparfaits !... Mais croyéz que mes paradoxes prétendus, ne sont que dans la tête de mes bizarres Lecteurs.

Yfflasie et Clarendon furent contentes de cette reponse.

REPONSE A LA XXXIX.me LETTRE.

27 Mars.

CHER Époux ! j'aime ce raisonnement, ou plûtôt cet aveu de J.-J.-Rousseau, que la mort fait horreur, même ardemment appelée. Mais il en a donné la raison. Il n'est Personne au monde qui le sût mieux que lui ; car on prétend qu'il est mort empoisonné par lui-même... Il s'était retiré à *Ermenonville*, pour y être libre ; et au lieu de cette liberté, il y avait trouvé l'esclavage. Tous les jours le Marquis *de-Girardin* lui envoyait ses Filles. *Rousseau* les recevait : Mais il était gêné. Il n'osa plus changer d'asile. Il s'avisa, à 66 ans, d'être honteux de ses variations. Il voulut sortir de la vie. Aussi mourut-il habillé, et dit-il, en sachant bien ce qu'il disait : ,, *Ma Femme ! ouvrez la fenêtre ! que je voye encore une fois la lumière du Soleil* ,,. Il préfera le poison, comme étant le sui-

cide le plûs caché, le moins ignoble...
Ce ferait, aucontraire, celui qui me ferait le plûs d'horreur...... [*Affaires.*]....
A demain, chër Epoux!

XL.me LETTRE.

D. m. T.   11 Mars.

„Mon Amie! (dit Clarendon), il me viént une idée, qui fera très-amusante! J'ai comme entrevu qu'il y a des Ames privilegiées qui restent fans corps plûs longtemps que les Autres? Informons-nous-en; ét lorsque nous en aurons trouvé Une, procurons-nous un genre d'instrucion nouvelle: Nous viéndrons après à notre manière, avec les Ames communes.... Il faut tâcher de favoir, par ces Ames *Vieillardes*, ce qu'étaient, à leur dernière vie mortelle, qui a précedé une vie incorporée, nos Amis vivans encore „?

Yfflasie était était toujours du même avis que Clarendon: On ne contrarie plus. dans la vie non corporée, parceque tous les petits refforts d'orgueil ét d'entêtement font à-découvert: Mais ici, elle applaudit avec transport! „Oui! oui! cherchons! cherchons „!

On courut chercher une Ame vieillarde, ét on eût le bonheur d'en trouver Une, qui n'avait pas repris de corps, depuis 350 ans. C'était la Monade de *Jeanne-d'Arc*. Yflasie ét Clarendon ne l'abordèrent qu'avec une vénération profonde. Mais la *Pucelle* avait encore son air naïf ét noble: ,,Mes chiërs Amis! (leur dit-elle en vieux français), nostre Seigneur m'a doint de la faveur de ne pas de-fitôt retourner en corps mortel, jusques à quand qu'il n'y aura plus d'*Anglois*, qui mont tant ét fi cruellement tourmentée!.... Mais quoi de moi voulez-vous vous enquerir,,?

Clarendon lui répondit: ,,Courageuse ét chaste Pucelle; nous voudrions par vous favoir, ce qu'anciénnement, avant leur dernière vie incorporelle, ont été nos Amis, que nous avons laiffés vivans? ,,Soit (répondit la Pucelle): Moi vous le dirai, pour autant que le faurai: Nomméz-les feulement moi?

Yflasie rêva un moment, ét dit: ,,Voudrais bien favoir qu'elle était, à une vie corporée précedente, mad. *de-Genlis-Silleri-Brûlard*? ,,Vous le peux dire (répondit Jeanne): Car l'ai bien connue et suivie. Elle était, à la vie précedente de celle qu'elle mène à-présent, *Gabrielle-d'Estrées*, dite la belle *Gabrielle*, si aimée du Roi *Henri-le-Galant* »....

La suite, Epouse cherie, à ma Lettre de demain.

RÉPONSE A LA XLme LETTRE.

28 MARS.

Mais voila une *excellente idée* qui est venue-là, bon Mari, à ton Clarendon! J'espère qu'elle va nous procurer des anecdotes curieuses, et mes Amies espèrent passer en revue toutes leurs Connaissances.... Hô! *Filète* voudrait bien savoir ce qu'elle a été!... Et moi aussi!.... Le desir de cette connaissance est moins vif dans mes deux Amies; je ne sais pourquoi! La Monade animatrice d'un corps vient d'où elle veut, et n'est pas assujetie à la filiation; ainsi l'on ne revèle pas les secrets de ses Ancêtres mâles ni femelles.... *Filète* m'avait prié de rêver ce qu'elle a été? Ce matin, je lui ai dit ce que j'en avais appris en songe. Nous é-

tions deux Jumelles, filles du Duc d'E-
pernon, ét d'une Epouse clandestine.
Nous fumes élevées enſemble; mariées
l'Une à *Louvois*, l'Autre au Fils de *Fou-
quet*: Nous nous aimames toujours tendrement, ét nous eümes chaqu'une un Fils
ét une Fille. Le Fils de *Filète* fut *Barbé-
zieux*; le mién fut la ſouche des Louvois.
Ni l'une ni l'autre des deux descendances
n'a été heureuse. Nos Filles l'ont été
davantage. Elles avaient épousé chaqu'une un Duc, ét restèrent veuves de-
bonne-heure. Elles ne ſe remarièrent
pas, ét élevèrent chaqu'une deux Enfans,
Garſon ét Fille. C'est dans les corps des
Enfans de ces Enfans, que nos âmes ſont
rentrées; car nous étions mortes, comme
Femmes de *Louvois* ét de *Belleîle*, avant
36 ans. La Mère de *Filète* était une Enfant née d'une Maîtresse du Comte *de-Gi-
sors*.... Voila tout ce que j'ai pu tirer de
mon imagination. Mais nous n'en avons
rién dit à nos Amies, qui ſachant les gé-
néalogies, nous auraient peutêtre dispu-
té notre filiation......

A demain aussi, chër Epoux.

XLI.me LETTRE.

D. m. T.   12 Mars.

YFFLASIE ét Clarendon furent étonnées de l'épithète de *Henri-le-Galant*, donnée à *Henri-IV* par la *Pucelle!* Mais ils apprirent de *Voltaire*, qui se trouva-là, que du temps de *Jeanne*, le *Galant* signifiait, le *Courtois*, le *Magnanime;* d'où nous viênt aujourdhui l'expression de *Galant-homme*. Ils voulurent encore savoir, ce qu'avait été MAD. *de-Genlis*, dans une vie corporée, antécedente à celle où elle avait été *Gabrielle?*... Quoique très-modeste, *Jeanne-d'Arc* se prit à rire, en répondant: ″Ne vous le dirai mie; car vous êtes trop curieuses″!... Mais *Voltaire* s'étant approché, il lui dit: ″Gente *Pucelle!* qui amertume aucune ne consérvéz des injures, je suis *Voltaire:* Savéz peutêtre que j'ai fait un *Poëme* gaillard sur votre compte, celui du Roi *Charlot*, celui du gentil *Dunois* le bâtard, ét Autres: Si vous prié-je que bién rendiéz pour le mal, come est dit aux saintes Lettres, ét come conviént à Devote inspirée telle que fu-

tes ,, ? A quoi la Pucelle lui répondit :
,, Le veux bien, par ces motifs, que di-
séz ; encore que ne sache quelle risée a-
véz faite de moi ; mais elle doit être bonne ! car goguenard l'air avéz ,,. Sur quoi
Voltaire se mit a sourire, ét recita les vêrs
de la Pucelle, où il fait le portrait de Jeanne. ,, Coiséz-vous ! coiséz-vous ! (lui
fit-elle); mauvais-sujet !... Hûm ! il vous
fait beau voir parler de choses pareilles,
Morveux !.... *Il n'y a plus d'Enfans !*....
Puis regardant Yfflasie : ,, Venéz à moi,
ça, vous qui êtes Jeunefille, ét qui m'a-
véz l'air posée ; vous respondrai voulen-
tiérs à la question ,, ? Yfflasie s'approcha;
ét la Pucelle lui dit : ,, Par avant que
Gabrielle fût icelle, était jolie Meûnière
dans le *Perche :* ét fut par un Duc emme-
née en son château, v'oùce qu'elle en eût
trois Fils ; lesquels furent de mon temps
vaillans bâtards... Ils avaient nom, *Po-
ton, Saintrailles, Lahire,* Et si ai-je ouï-
dire, que plûs anciénnement encore,
elle avait été *Frédegonde.* Et plûs haut ne
peux remonter ,,.

,, Et vous, chère Jeanne, qu'étiéz-vous, avant votre naissance à *Vauxcouleurs*, pays de Mad. *du-Barri* ″? La Pucelle sourit. ″Ne croiriéz pas ce qu'avais été!... Et n'ai point-eü de vie intermediaire. ″Qui donc étiéz-vous? ″*Brunehaut*, ou *Brunikilde*, reine de l'*Austrasie*, mon Pays, et qui péris si malheureusement, attachée à la queûe d'un fougueux et remuant cheval féroce.... Ainsi, sais des nouvelles de *Frédégonde*, qui me *bourrella* ″..

Voila beaucoup de nouvelles, ma chère Hortense!... Mais j'en ai bién d'autres encore!....

RÉPONSE A LA XLIme LETTRE.

29 Mars.

Nous voila bién instruites, au-sujet de Mad. *de-Genlis*, et même de la *Pucelle*. J'ai été surprise que la Première ait été *Gabrielle*! point qu'elle ait été Meûnière; la seule épithète jolie m'a étonnée! J'ai observé qu'elle a fait trois Héros ; mais comme les Femmes les font, par la route commune: Aulieu que ses trois Elèves.... J'ai trouvé tout-naturel, qu'une Femme qui devait faire la savante, être le gouverneur de trois Princes, ait commencé par être *Frédégonde* : c'est ce qui m'a paru le plus à-propos pour elle. Quant à ses Elèves, comme *Genlis*, elle ne pouvait en faire que des Etres à petits vices et à petites vertus.... A-propos : où est ce M. *Delaclos*, qui vient de faire les *Liaisons-dangereuses* ? Tout le monde le croit un Monstre, parce qu'il a peint une *Merteuil* et un *Valmont*. Mais c'est une conséquence opposée qu'il faudrait tirer : Un Mélancolique fait des *Comédies* ; un Homme gai, sanguin, des *Tragédies*.... Mad. *de-Beauchamois* pense comme moi ; et non la Marquise. *Filète* me croit ; mais elle pensait dabord comme Mad. *de-Marigni*.

(*Affaires*).

XLII.ᵐᵉ LETTRE.

D. m. T. 13 MARS.

LORSQUE Clarendon eût rejoint, sur un signe, Ysslasie et la *Pucelle*, Celle-ci leur demanda, Ce qu'ils desiraient encore savoir, de la vie corporée précedente des Personnes de leur connaissance actuellement corporées ?

» Je voudrais favoir (répondit Clarendon); ce qu'a été précedemment un M. *Delaharpe* »?.... *Jeanne* fe prit encore à rire: » A vous le vais naïvement conter... Dabord, à l'antecedente vie de celle-ci, était petit Commissionnaire à la porte de *Chapelain*, ét fesait aussi les commissions de *Corneille*, *Racine*, ét *Molière*, lorsque s'en présentait l'occasion. Et quelquefois était tout-fiër des vërs qu'il portait de leur part aux Seigneurs, ou aux Maîtresses d'iceux. Quand *Chapelain*, *Brébeuf*, *Racine*, *Corneille*, ou *Molière* parlaient, ét que *Delaharpe* repetait le discours de l'Un d'iceux, il disait toujours *nous*, comme ayant fa part à leur Ouvrage, ou à leur mérite: Et part y avait; car par fes mains pour prendre, ét pour rendre, fes piéds pour marcher, fa langue pour fe faire ouvrir, etc. il était un des moyéns par lesquels on avait ét lisait les vërs. Aussi la piéce coulée recevait-il... Mourut jeune cet Enfant, qui *Gillot* fe nommait, par un carrosse de finance écrâsé. *Molière* ne l'aimait guère, ét *Lafontaine* n'avait jamais voulu fe fervir de lui... Paravant, du

temps

temps de *Henri III*, page était du Duc de *Guise*, et son arquebuse chargeait contre les *Protestans*.... Sous *François-I*, était petit Valet de *Ronsard*, que parfois il critiquait.... Et puis, ne sait plus qu'a été ".
" Je vous remercie, ô *Pucelle !* " C'est à moi à demander (dit Yssasie)... Je voudrais bien savoir ce qu'était *Clairon l'Actrice ?* " A la vie qui cette-ci préceda (repondit *Jeanne*), était femme-de-chambre de la Duchesse d'*Orleans, Henriette d'Angleterre :* Ce fut elle qui lui donna le poison que le Mari avait fait préparer dans un formage dit *glacé*.... Paravant, avait eü grand sort!.... était *Catherine-de-Medicis*... Puis encore auparavant, fille-publique à *Rome*, v'oùce qu'elle fut engrossée d'un Pape, à-cause qu'icelle était jolie par merveille.... Icelui Pape la garda dans le Vatican; et comme portait mon nom, fut indiscretement nommée *Papesse Jeanne*. N'en sais plûs sur son compte.
" Et *Gauffin ?* (dit Yssasie). " Hâ !... *Gauffin*.... *Hortense-Mancini*, sœur de *Louis-XIV*, en lieu derniér : Icelle en fut néantmoins *kalibistrée*. Mais *Mazarin-Car-*

I Volume.   H

dinal l'éloigna. N'en ſais plûſ, à ſon ſujet.

„ Et *Dumesnil* ? „ Fut à l'antécedente vie de ſon avant-dernière, *Elizabeth*, roine d'Angleterre ; ét à la dernière, avant celle-ci, Catin dans *Londres*, où elle avait nom, la *Queen* (la Reine) ; d'où un Français de la ſuite de l'Ambaſſadeur l'emmena, deguiſée en *Jockey*. Il l'épouſa, ét elle fut une Commère terrible à la Hâlle, où elle ſe mit marchande-de-marée à 45 ans.... Elle fut tuée dans une baterie à 46. Elle est renée en 1718, ſous le Regent... Vous ſavéz le reste.

„ Je voudrais préſentement vous demander (continua Yſſlaſie), Ce qu'ont été des Femmes plûs relevées ! Par-exemple, l'aimable ét ſenſible Comtesse *de Beauharnais* ? „ Vous le dirai, vous le dirai ! (répondit vivement la *Pucelle*).

RÉPONSE A LA XLII.ᵐᵉ LETTRE.

30 Mars.

Bon Mari ! Ce que tu n'as pu nous dire de la manière dont est venu au Monde à cette dernière vie actuelle qu'il y mène, le ſieur *Delaharpe*, nous pouvons te l'apprendre : Mad. *de-Marigni* le tient de feu fon Mari.

La Monade de *Gillot*, comme tu le fais mieux que nous fans-doute, est restée incorporée pendant 99 ans. Enfin aux environs de 1730, il lui prit une fi forte envie de fe recorporer, qu'elle n'attendit pas la centaine revolue. Au moment de fa velleïté, un *Froteur*, ét en-même temps *Fouetteur* du Collége *Dupleſſis*, marié dans la journée, fe montrait homme à une aſſéz jolie Garde-malade, qu'il avait honorée de fon nom. Il fe nommait *Delaharpe*, parcequ'il avait été trouvé dans cette ruë, couché au fond du tonneau d'une Ravaudeuſe, par cette Femme, qui le fit élever, comme elle put. Voila le père de M. Delaharpe. Mais tu fais bién que le corps n'est rién....

Le Fils-aîné du *Froteur-Fouetteur*, que la *Ravaudeuſe* avait pouſſé dans le Monde, était aſſéz joli de figure, mais petit, comme fon Ami *Pougèt*, qui avait une fi jolie Sœur!... Sa Mère devint veuve : Mais elle avait confervé des Relations avec le Collége, où fon Mari avait frottéfouetté! elle obtint une bourse pour le petit *Delaharpe*, qui parut avoir des dispositions heureuses. Mais il n'avait pas d'âme: la sienne n'était qu'une vraie monade. Il réüssit néanmoins audelà de ses esperances.... Sa Mère le fit avancer, en s'employant auprès des Malades qu'elle gardait; et le jeune *Delaharpe* contribua beaucoup à la convalescence de quelques Jeunes Bourgeoises qui avaient les pâles-couleurs: Ce qui fit, qu'en achevant ses clâsses, il était proprément vêtu. Il s'attacha surtout à *Voltaire*, dont il se fit connaître par quelques vers.

Cependant sa pauvre Mère se trouvant trop âgée, pour garder des Malades, se mit *Feseuse-de-ménages*. Elle admirait de loin les progrès de son Fils; car il la négligeait beaucoup!... Il alait vîte. Il devint Academicien....

A cette époque, la pauvre Femme tomba malade. Elle ne voulut pas embarrasser son chër Fils; elle se fit porter à l'*Hôtel-Dieu*. Mais sentant sa fin approcher, elle desira de le voir. Elle le fit prier de venir pour l'embrasser, avant que de mourir.... Il refusa durement, ét la Bonne-femme ne put avoir cette confolation. ,, Il a raison! (dit-elle à la Sœur), le pauvre Enfant! L'air est fi mauvais ici!... Et puis je ne voudrais pas moi-même qu'on l'y vît... Il est fi connu!... Uséz de prudence, ma Mère, en lui annonçant ma fin ,,.... Elle expira une heure après, ét fut portée aux *Innocens*.

Voila aussi une anecdote, chër Mari.

XLIII. LETTRE.

D. m. T.   14 Mars.

,, CELLE dont parléz, à fa dernière vie avant cette-ci, a peu vêcu; elle nâquit par un matin, comme la ROSE, iffant de une grande Princeffe, ét finit le foir, avant que d'être éclose: Veux dire, qu'après avoir donné les plûs belles espérances, mourut avant 15 ans. Etait fa Mère la Duchesse *de-Savoie*.... Paravant... Mais le vous dois-je dire? Car vous pourrais grandement affliger! ,, Hô! dites! dites! *Pucelle!* (s'écria la fenfible Yfflasie). Hé-bién, était l'Infortunée... très-belle ét très-infortunée... *Marie-Stuart*. ,, *Marie-Stuart!* la Reine d'*Ecoffe*, qu'*Elizabeth* la hautaine, depuis la *Dumesnil* fit périr !... ʼʼ Elle-même fut. ʼʼ Hâ! charmante Femme! vous ne fûtes pas toujours heureuse! ʼʼ Non fut toujours. Et l'ai suivie depuis, ét heureuse guère ne l'ai vue: car âme sensible plûs souffre qu'elle n'a de joie; à-cause que sent tout. ʼʼ Et auparavant *Marie-Stuart* qu'avait-elle été? ʼʼ Moins, mais toujours bonne; fut mon Amie ét Compagne, au temps que guerroyais pour le Roi *Charlot*, mon Souverain Seigneur. ʼʼ Hé! qu'était-elle? ʼʼ Vous le puis dire: car ce nom fait honneur: *Agnès-Sorel*; bonne, douce, ét quoique Maîtresse, plûs honnête ét mieux fesante que Reine ét Femme légitime.... Plûs haut ne saurait remonter. Mais trouvéz quelque-part un Vieillard, qui depuis deux-mille ans n'ait pas revêcu, ni remouru. Il a nom *Caton*, li-même qui se tua dans un soubsterrein à *Capoue*, par indignation contre *César*: A-cause de quoi ne veut revenir en terre, tant qu'y seront Empereurs ét Rois: Et lui a le Grand-Être octroyé sa demande. Icelui vous dira bién, qu'étaient, avant Moi, tous Ceux que voudréz connaître. ʼʼ Nous le verrons, nous le verrons! (s'écrièrent les deux Amantes ".

Elles le cherchèrent aussitôt. Mais elles apprirent, avec étonnement, ét la *Pucelle* aussi, qu'il était recorporé, depuis plusieurs années, dans la Perfonne du D.ʳ *Franklin*. " Faut attendre un-peu (dit la *Pucelle*); il ne tardera pas à revenir céans; ét il fe fouviéndra de tout, n'ayant que de deux vies à fe ramentevoir "..

Clarendon fe remit à faire d'autres questions à la *Pucelle*, Laquelle y répondit volontiérs; car elle avait toujours été bonne. " Je voudrais bién favoir, ce qu'était *Corneille*, avant qu'il fût Grand-homme? ét ce qu'il est aujourdhui? " L'aléz favoir (répondit *Jeanne-d'Arc* ").

Je remets fa réponfe à ma fuivante.....

Charme de la vie, douce illusion! tu ne vaux pas la réalité que donne Hortenfe! Mais tu la remplaces, quand je l'ai quittée!...

RÉPONSE à LA XLIII.ᵐᵉ LETTRE.

31 Mars.

Ç A été un transport-de-joie ici, quand, à la reception de ta dernière Lettre, on a vu qu'il y était question de l'Une de mes Amies! Son article à fait le plûs grand plaisir!... Elle a été très-contente elle-même des rôles qu'elle a faits dans le Monde, quoiqu'il y en ait eü de bien douloureux!... Mais celui dont elle a été le plûs contente, est celui d'*Agnès-Sorel*. On ne saurait dire combién il l'a flatée, ét parcequ'*Agnès* fut belle ét bonne, à un point qui est encore connu, ét parceque la Comtesse actuelle a beaucoup de son caractère ét de sa delicatesse; desorte que l'on voit que Celle-ci est reellement le prolongement de Celle-là.... Je ne sais si nous aurons Mad. *de-Marigni*? Quand on écrit la vérité, non d'imagination, l'on n'est pas toujours maître d'écrire ce que l'on veut.

Tu n'as pas encore vu, chër Epoux, ce qu'a été *Delaharpe:* en lisant le brouillon de ma Lettre, *Filète* nous a dit, en l'achevant, à la mort de sa Mère: ,,Hâ! il est bién vrai qu'il n'a pas d'âme! ce n'est qu'une Monade qui le fait mouvoir!...

(*Affaires*).

XLIV.me LETTRE.

D. m. T. 15 Mars.

On est surpris de ce que notre *Corneille* savait si bién la politique des *Romains*; de ce qu'il les fesait parler avec tant de grandeur ét de noblesse!... *Jeanne* en apprit la cause à Yfflasie ét Clarendon.

,, Connais bién *Corneille*, pour l'avoir hanté, quand était avec nous encore.... A son avant-dernière vie corporée, avait été *Châtillon* l'Amiral. A l'autre avant, était *Corneille*, Duguesclin. Avant, fut bon Marin, naviguant pour le commerce: Et paravant, à ce que m'a dit *Caton-Franklin*, fut *Julién-le-Apostat*, ce grand Empereur, qui eût sauvé l'Empire, s'il eût vêcu. Et paravant encore *Marc-Aurèle...* Et paravant, *Titus*; ét paravant, *Germanicus*: Et paravant *Sertorius*: Et paravant, *Fabius*. Et plus ne sait-on ce qu'il fut..... Mais, puis vous dire ce qu'il est aujourdhui; il a nom *Ducis*, ét est de l'*Académie*.

,, Je voudrais bién savoir (dit Yfflasie, avec un intérêt très-vif), ce qu'est aujourdhui *Racine*? que nous avons vu en arrivantici, ét qui alait apprendre à *Louis-*

XIV, que *La-Valière* avait aimé *Boſſuet*? (*Obſervez que le temps coule vîte! Voila déja 30 ans, que Clarendon et son Yſſlaſie ſont décorporés*)! ,, Est Dorat (répondit Jeanne). ,, Et que fut-il avant? ,, Paravant que d'être *Racine*, fut *Marot*; et paravant fut obſcur, par quatre vies corporelles : Mais fut *Virgile*; fut *Sophocle*; fut *Héſiode*. Et plus ne ſait ce que fut: Car *Orphée*, qui ne s'était recorporé, juſqu'à 60 ans y a, qu'il s'eſt fait *Gluck*, ne me l'a ſu dire ,,.

,, Je voudrais vous demander (reprit Yſflaſie), ce que fut une Femme, qui a écrit quelques Romans que j'ai lus, *Elizabeth*, les Lettres du Colonel-*Talbert*; les *Extravagances-d'une-Jolie-Femme*; *Agathe-et-Iſidore*? ,, Sais qui voulez dire? Etait fille-de-plaiſir ſuivant les Armées, ſous *Lous-XIV*; et paravant ſous *Henri-III*, la même à Paris. ,, Je m'en ſerais quaſi doutée; (reprit Yſflaſie*).*

(*D'une écriture parfaitement imitée*).

,, Et une jolie Femme, dont j'ai vu le Portrait en pied au ſallon? (demanda Clarendon); Mad. *de-Marigni*? ,, Puis vous dire, quelle elle fut: A la dernière vie, avant celle-ci, la *Duchesse-de-Bourgogne:* Paravant, la *Marquise-de-Verneuil;* paravant, *Anne-de-Bretagne :* paravant, *Gabrielle-de-Vergi*... Plus ne sais quelle elle fut: Mais ai ouï-dire, qu'elle fut *Cesonie*, femme de *Caligula*, laquelle avait ce charme audessus de la Beauté, qu'on voit encore aujourdhui, dans une jolie Femme, qui a une étrange avanture, à qui je ne sais d'autre mom qu'*Hortense ;* ét à une petite Bourgeoise qui lui ressemble, nommée *Filète-Dumas.*

A ma première vie, je vous dirai ce que vous futes, mon Hortense.

REPONSE A LA XLIV.me LETTRE.

1 Avril.

JE triomphe! car la fin de ta Lettre, chër Epoux, est visiblement une replique à quelques-unes de mes Réponses!... Cependant Mad. *de-Marigni* a imperceptiblement secoué la tête.... Mais *Filète* ét moi nous avons été enchantées de son Article, ét de la promesse du nôtre, que nous attendrons avec impatience.... Mais peutêtre le recevrons-nous demain.... Il aura pour moi le charme de la verité, puisqu'il fera l'expression du fentiment de mon Epoux, qui est la feule chose au Monde qui m'interesse..... Mon Fils fe porte à-merveilles, ainfi que celui de ma Filète... Nous voudrions être à demain!

XLV.me LETTRE.

D. m. T. 16 Mars.

C'EST de Toi, chère Epouse, dont il va être question dans cettre Lettre, datée *de mon Tombeau;* car en qnelque-temps que ma fin arrive, tu ne la liras.... En quelque-temps ma fin arrive, mes fentimens feront toujours les mêmes qu'aujourdhui.... J'ai exigé de toi le ferment de me repondre jour-par-jour, de la même manière que je t'écris. A-la-verité, nous ne nous entendrons pas aussi bien : Mais un avantage compenfe cette privation ; c'est que tu as plûs véritablement l'impulfion de mon âme : J'ai en-outre la certitude, par tes Lettres quotidiénnes, quotidiénnement reçues (comme tu l'as par les miénnes), que chaque jour tu t'occupes de moi, immédiatement après l'arrivée de la poste. Aussi passé-je cette heure-là dans le recueillement, occupé à relire ta Lettre, ét le brouillon de la miénne. Je veux, par cette corpondance, toujours exacte de ma part, commencée par un mot triste, empêcher que tu ne t'occupes trop tristemement, ou trop joyeusement, de quelque-chose que ce soit.

Yfflasie ét Clarendon, qui vous connaissent, demandèrent à la Pucelle, Ce que vous futes, Hortenfe, avant d'être la plûs belle, la plûs touchante, la plûs aimables de toutes les Femmes? ,, Le vous vais dire (répondit-elle); car me souviént de l'avoir vue corporée, ét non corporée... N'aguère était ici, comme il y a 20 à 21 ans. Et très-peu auparavant était ici, grande Amie de *Fanny*, laquelle vous connaissez, ét qui la devança pour se recorporer; vû que guère n'avait vêcu à sa dernière corporalité: Car ont été âmes formées enfemble de Dieu, *Hortenfe* ét *Fanny*, par un même jour: Et bién que *Fanny*, à cejourdhui, ne sache pas que c'est *Hortenfe*, qui fut son amie telle, elle étant fille, avant que d'être la Sœur de la *Duchesse-de-Bourgogne*, si est-ce qu'elles sont amies, comme si toutes-deux savaient ce qu'elles ont été : Elles s'aiment de reminiscence mentale, non-seulement elles-deux, mais à trois, en y comprenant *Aglaé-De-Marigni*.... Or donc sauréz qu' *Hortense*, était paravant sa dernière vie corporée, avant celle-ci.... une charmante petite Fille, que protégeait la *Duchesse-de-Bourgogne*, ét qui lui avait été en-outre recommandée par la *Rose* sa Sœur, en mourant... Vous fûtes l'éléve de leur charité.

RÉPONSE A LA XLV.me LETTRE.

2 Avril.

JAMAIS peutêtre, chër Mari ! On ne donna une origine, c'est-à-dire, une autre vie précedente plus agréable à une Ame aimante, que de la faire l'Elève de la charité de ses deux meilleurs Amies dans Celle-ci ! C'est annoncer en termes flateurs, que j'ai une âme essenciellement reconnaissante : Cette fin était digne du commencement obligeant de ta Lettre ;

où tu t'arrêtes avec complaisance, sur les effets de nos Lettres quotidiénnes. J'avais-eü la même pensée. Et il paraît que tu as deviné celle que j'avais aussi, d'avoir eü quelque relation avec mes Amies, dans une vie antecedente. J'ai vu avec transport leur joie, à cette lecture! J'en ai été tendrement carreffée.... Il paraît que j'étais une Orfeline abandonnée, bien pauvre! Mais dont l'origine n'était pas vicieuse, puisque deux jeunes Princesses s'en occupaient, ét que la Seconde m'amena en France avec elle. Je suis sûre d'après cela, que j'étais fille d'un Honnête-homme, honorablement pauvre.

(*Affaires*

XLVI.me LETTRE.

D. m. T. 17 Mars.

Vous n'avéz sans-doute pas été fâchée de ce que je vous ai marqué de votre origine, sans rien ajouter. Mais auriéz-vous desiré que je vous trompasse?... Vous fûtes une Fille pleine de grâces, d'attraits, de philosophie, née... de *Ninon*-de-l'*Enclos* et de *Boffuët:* Votre Mère accoucha de vous à *Turin*, pendant un voyage secret qu'elle y fit, envoyée par la Cour, pour examiner la future *Duchesse-de-Bourgogne*. Vous fûtes aussi aimable que votre Mère: Aussi les deux Princesses de *Piémont* vous cherissaient-elles. Ne vous fâchéz pas, ma Belle, d'avoir une pareille Mère! *Ninon* en valait bién Une-autre. Elle fut amie de la sevère *Maintenon*, qui connaissait mieux que Persone le fond de sa conduite. Dailleurs, qu'importe ce que nous soyions, dans une de nos vies corporées? .... Vous auriéz eü toutes les perfections de votre Mère, à ses galanteries près (dont vous savéz le motif), si vous aviéz vêcu; vous annonciéz beauté, talens, esprit... La *Duchesse-de-Bourgogne* vous destinait au jeune Prince *de-Gonzague*, nouvellement dépouillé de ses États, par la maison d'*Autriche*, pour avoir pris le parti de *Louis-XIV*, dans la guerre de la succession d'Espagne, ét votre mariage les lui aurait rendus.... La *Duchesse-de-Bourgogne* mourut: La douleur de sa perte vous mit au tombeau, ét le Prince de-*Gonzague* n'obtint rién.... Votre vie incorporée fut courte : L'Auteur de la Nature voulut vous faire renaître enſemble, les deux Princesse de *Piémont* et vous, pour que vous fuſſiéz encore amies : Et la Nature y en ajouta une quatrième, votre Sœur, fille de *Ninon* comme vous; qui était morte auparavant, du ſaisiſſement que lui causa la vue du cadavre de ſon Frère, le même qui étant devenu amoureux de ſa Mère, ſans la connaître, ſe brûla le crâne dans le jardin, après qu'elle lui eût découvert quels liens les unissaient !....

A votre avant-dernière vie; ſuivant ce que nous dit *Pucelle Jeanne*, vous étiéz la vertüeuse Reine de France *Louise-de-Vaudemont*, femme d'*Henri-III*... Je ne vous dirai pas ce que vous étiéz à votre existance qui préceda celle de *Reine*; c'était quelque-chose de ſemblable à *Ninon*: Nous ne fesons pas la loi au Destin : Vous étiéz.... *Diane-de-Poitiérs*.... Bien auparavant, à trois ou quatre intermediaires de là, vous futes *Emma*, la fille de Charlemagne ; la belle *Emma*, qui tant amoureuse était du Secrétaire *Éginhard*, que l'ayant admis chéz elle une nuit, arriva que neige tomba pendant icelle. Ce qui fit que la belle ét tendre Princesse, depeur que piéds d'Hommes ne fussent empreints fortans de fa chambre-à-dormir, ala portant fon Amant fur fes delicates ét blanches épaules, ayant à fes petons mules mignones de Femme, dites alors *Crépides :* Car (dit le C'roniqueur), le bon ét faint Roi *Charlemagne*, depuis canonifé, en Amant aimait fes Filles, ét d'elles fort jaloux était. Si qu'icelles guettant matinalement de fa fenêtre, nota ce qui fe paffait, ét vit-il fortir *Éginhard*. Et à l'heure du dîner, fur les neuf heures, ayant fait appeler icelui Secretaire, lui dit: ,, Ça, *Éginhard*, vous croyais plûs courtois envèrs les Dames!... D'où ce que veniéz, ce matin, à l'aube matutinale, porté par une Damoifelle?.. Etait-ce une gageûre ,,? *Éginhard* rougit; ét fut depuis la chofe fçeue: Ce qui fit qu'il espoufa *Emma*, de l'aveu de l'Empereur... Ma Belle, ne rougiffez pas! J'étais *Éginhard*....

Voila, ma charmante Épouse, ce qui nous est arrivé, en 787, il y a justement aujourdhui 1000 ans. Et il fesait de la neige comme aujourdhui..... Passons à d'autres Avantures.

REPONSE A LA XLVI.ᵐᵉ LETTRE.

3 Avril.

Tu as bién pris de la peine à me justifier, ce qui l'était deja! Mais j'ai été charmée des explications que tu m'as données, et furtout de l'hiftoire de notre ressemblance à *Filète* et à moi! Nous avons été fœurs!... Cela feul me rendrait chère la feconde Source de mon existance corporelle, dans ma précedente vie, fi tes raisons ne m'avaient pas entièrement perfuadée... Nous avons été ravies toutes-quatre, de ce que tu nous dit, Que c'est l'Auteur même de la Nature qui nous a voulu dedommager de nos malheurs précedens, en nous fesant renaître toutes-quatre dans le même temps, et à-portée d'être amies!...

Nous te remercions également de l'histoire d'*Emma*, une des *Moi* antecedentes. Nous ne la favions pas trois d'entre nous, ét pour moi, j'avoue que je l'avais abſolument oubliée : Mais tu racommodes fort joliment ma petite faibleſſe, en diſant, *Que tu étais Éginhard.*

XLVII.ᵐᵉ LETTRE.

D. m. T.   18 Mars.

YFFLASIE ét Clarendon quittèrent la *Pucelle* bién malgré eux! Car il faut ſavoir que cette Vierge ayant apris le Révolution d'*Amerique*, elle n'eüt plus ſi peur des Anglais, ét elle ceda au panchant irreſiſtible qu'ont les Ames, à reprendre des corps, à un certain temps de liberté. C'est que les plaiſirs des ſeus ont une vérité corporelle, ou materielle, qui ne laiſſe pas que de tenter, quand il y a un temps fort long qu'on n'en a goûté. C'eſt pourquoi *Achille*, qui était très ſenſible aux plaiſirs des ſens, aurait-il préféré d'être un *Marmiton* corporé, à demeurer 80 ans encore âme pure. Mais on est plus delicat de nos jours.... Or la *Pucelle* ayant eü la velléïté de ſe recorporer, tout ce qu'elle put faire, ce fut de choiſir, ſuivant ſon privilége, d'Honnêtes-gens, pour naître d'eux. Elle entra dans le Fœtus d'un Enfant, conçu au même instant, dans le chaste sein d'une Nouvelle-mariée de 14 ans, que venait d'épouser un Ministre de Protestans, reïntegrés dans leurs droits de Citoyéns. Ce Ministre était un Jeune-homme de 30 ans, plein de science ét de santé, qui ne se mariait à la jolie Fille d'un Ministre Hollandais, refugié, que pour ne pas être tenté par les Femmes de ses Frères.... Mais laissons la Pucelle, qui doit renaître en son temps, ét observons seulement, qu'on passe tout-de-suite de la vie corporée, à la vie incorporée; mais que pour repasser de celle-ci à la vie corporée, il faut une sorte de mort, un engourdissement absolu dabord, ét dont on reviént qu'en 12 à 15 ans, ét quelquefois en 30, pour certains Individus. Suivons Ysflasie ét Clarendon dans leurs nouvelles excursions.

Le bonheur des Ames degagées ne consiste pas à n'avoir rién à faire : Les nouvelles Ames libres ne sont sans occupation, que pendant une 15ne de nos années. Après cette époque, elles cessent d'être

Infantes ét deviénnent Citoyénnes, jusqu'à l'âge de 80 ans. Alors elles redeviénnent libres pendant 20 ans, plûs ou moins. Il faut obferver encore, que je ne-fuis instruit que par Yfflasie ét Clarendon, qui ne le font-eux-mêmes que petit-à-petit. J'ai donc appris tout recemment par eux, que les Ames ont deux vies degagées, la *reguliére*, qui est de cent ans ; ét l'*irreguliére*, qui est d'autant d'années qu'ils en ont vécu fur la Terre : Elles peuvent les *vivre* toutes les deux, ou n'en *vivre* qu'une, ét choisir laquelle elles veulent *vivre* non-corporées : Enfuite, que le *Feminin*, parmi elles, est plûs honorable que le *Mafculin*....

A demain, mon Hortenfe.

REPONSE A LA XLVII.ᵐᵉ LETTRE.

4 Avril.

LA derniére Lettre, bon Mari, ne nous apprend rien de particuliér de telle ét telle Ame; si ce n'est la corporation de la *Pucelle*, dans le Fœtus qui fe forme dans le flanc de la Femme d'un Ministre. Une de mes anciénnes Protectrices, MAD. DE-

Beauchamois, prétend que ce jeune Ministre, est *Rabaud-de-Saintétiénne*.... Nous n'avons auqu'une raison pour dire *non* ; et nous avons notre amitié, notre confiance en elle, pour dire *oui* : Ainsi donc il faut la croire.

Depuis ton avant-dernière, *Filète* et moi, nous sommes absolument Sœurs, et nous voila pour-le-coup à-jamais inséparables...Cette Lette, dont le sujet serait regardé comme chimérique, par d'autres que nous, a fortifié notre amitié on ne saurait dire à quel point !... Une chose qui m'est indifferente, mais qui fait beaucoup de plaisir à mes Amies, et à la belle *Comarieu de Montalembert*, c'est la primauté qu'a notre sexe dans la vie incorporée : Mad. De-Beauchamois voudrait l'avoir su, du vivant de son Mari : Elle aurait pris patience sur beaucoup de petites choses !

(*Affaires*).

XLVIII.me LETTRE.
D. m. T.   19 Mars.

Les deux Amantes Ysflasie et Clarendon ayant 30 ans de vie décorporée, furent employées dans la République des Ames, dite de *France*, quoiqu'elles eüſſent été degagées de leurs corps en *Italie*... Elles avaient adopté la calote atmospherique qui couvre Paris....

Mais les Ames n'ont pas nos besoins; elles ne s'occupent que des plaisirs intellectuels, et ce ſont leurs *mœurs*, leurs *alimens*, leurs *Mineraux*, leurs *Végétaux*, leurs *Animaux* que je vous decrirai dans les Lettres ſuivantes.... Je reviendrai quelque jour aux vies particulières de nos Amis, dont je n'ai point parlé, comme *Dorat-Cubières*, *Arthaud-de-Bellevue*, *de-Belair* l'Officier (aujourdhui Général et Gouverneur de *Mantoue*); du Comte *Potocki*, du jeune Prince *Czatorinſki*, du Prince *Gonzague*, du Comte *Arconati*, dit le *Grand Voyageur*; du Comte *Jablonoſki*; du Comte *Sainte-Aldegonde* (autrefois *Pytagore*, par parentèse); du Vicomte *Touſtain*; de *Laferté*; du Marquis *de-Lagrange*; du Baron *de-Paraza*, de *Cazotte*; et de quelques-autres particulièrement liés avec nous. Mais il faut varier. Nous ſuivrons enſuite enſemble, d'après Yfflaſie et Clarendon, la vie mortelle de

la

la *Pucelle*, avec celle de Quelques-autres, dont elles me parlent. Ce qui formera un Recueil d'Anecdotes très-intéressantes.... Quant à-présent, revenons aux deux nouveaux Citoyens non-corporés.

Les Ames (disais-je tout-à-l'heure), ont des *Mineraux*, des *Végétaux*, des *Animaux*. Leurs *Mineraux* sont des *idées*; leurs *Végétaux* des *pensées*; leurs *Animaux* des *desirs*; C'est comme pour les *Animaux* corporels, le plus difficiles des trois *règnes* à gouverner. Les *Végétaux* croissent dans les *Mineraux*, comme ici-bas, ét les *Animaux* se nourrissent de *Végétaux*, ou d'autres *Animaux*: Ainsi l'Animalité se divise comme ici, en végétivore ét en Animalivores.... Le fond du sol, ce sont les *idées*. Les *pensées* y croissent, ét s'en nourrissent: C'est aussi la base de la nourriture des Ames; qui les mangent, comme nous les légumes ét le pain, *avec les Desirs*; nourriture plus succulente, mais trop échauffante, pour être mangée seule. Il est des *Desirs* d'autant d'espèces que nous avons d'Animaux, ét des genres de *Pensées*, aussi variés, que les choses et les espèces de nos *Végétaux*. J'en parlerai.

Ydasie et Clarendon furent surpris de cet ordre de choses! Le premier emploi qu'on leur donna, fut de les faire Bergérs de Troupeaux des *Desirs-brebis*, c'est-à-dire doux.....

Je continuerai demain.

REPONSE A LA XLVIIIme LETTRE.

5 Avril.

Je t'avoûrai, chër et ingénieux Époux, que ni mes Amies, ni moi, nous ne nous attendions à la manière dont tu remplirais tes Lettres. Nous comptions sur des détails communs d'affaires, ou tout-au-plûs sur des Anecdotes du pays. Mais nous avons observé, mes Amies et moi, que les Avantures un-peu marquantes d'un pays, pendant cent ans, ne rempliraient pas les 365 jours de l'année. Il te falait d'autres ressources, et tu t'en es procuré d'immenses !... La Comtesse, qui te loue toujours beaucoup, nous disait tout-à-l'heure : ,, Si c'était un Ouvrage d'esprit pour le Publiq, que les

LETTRES DU TOMBEAU, je lui dirais, Qu'il a, selon moi, échappé à un écueil, où mille Autres se seraient brisés ! Dans les premiérs momens de surprise, de douleur et de bonheur, l'Amant aux 366 Lettres, songe moins à sa mort, qu'à son amour : Il parle des charmes, et des vertus de Celle qu'il aime : D'Autres n'auraient parlé que de Tombeaux, que de clartés funèbres !... La marche de mr. de-Fontlhète est de génie et de sentiment »... Voila ses propres paroles que j'ai souslignées, chèr Mari. Nous voyons à-présent qu'il te sera facile de remplir la tâche que tu t'es imposée, pour dedommager ton Épouse, d'une absence .... dont toi-seul la pouvais dédommager. Et tu es si fécond, que je ne doute pas que tu ne laisses tes mines à-demifouillées, pour en suivre d'autres, peutêtre plüs riches encore.

XLIX.me LETTRE.

D. m. T.   20 Mars.

J'ai oublié, dans ma dernière, ma belle Amie, mon unique Amour ! de vous dire, comment les Ames mangent. Il faut reparer cette omission, avant que de vous parler du Troupeau dont Yfflasie et Clarendon étaient chargés.

Les Ames n'ayant ni bouche, ni mains, elles prennent leurs nourriture d'une manière particulière: Elles abforbent une *idée*, une *penſée*, un *desir*, par le pouvoir de leur volonté, ét elles ſe les identifient, en s'en occupant. Voila tout le mystère. Revenons maintenant où j'en étais.

Je vous ai dit, qu'Yfflasie et Clarendon étaient Bergérs de *Desirs-brebis*, c'est-à-dire, doux : C'était vous faire entendre, qu'il y a d'autres *Desirs*. Et il le faut bién! puisque les Ames ont, en ce genre, tous nos Animaux. Il y a parconſequent des *Desirs-Lions*, des *Desirs-Tigres*, des *Desirs-Ours*, des *Desirs-Loups*, *Renards*; des *Desirs-Serpens*, des *Desirs-Cochons*, des *Desirs-Boucs*, ou *Chèvres*; des *Desirs-craintifs* et *timides*, comme les *Lièvres* ét les *Lapins*; des *Desirs-rampans* comme le *Limaçon*; *furtifs*, comme la *Souris*; *fangeux*, comme le *Crapaud* ou la *Grenouille*; des *Desirs-Aigles*, *Vautours*; ſuperficiels, inconstans, comme les *Hirondelles;* tendres, gais, harmonieux, comme la *Fauvette*, le *Chardonneret*, le *Rossignol;* des *Desirs-Perroquets*, *Pics*, *Geais;* des *Desirs-Hiboux*, *Chouettes*, etc.

De-même parmi les *Pensées-végétales*, il en est qui sont *Choux*, *Navets*, *Carrotes*, *Artichaux*, *Laitues-pommées*, *Chicorées*, *Framboises*, *Groseilles*, *Cerises*, *Prunes*, *Noix* ou *Châtaignes;* il en est qui sont *Poisons* comme le fruit du *Mancenillér*, ét tout-à-côté, qui sont *Café*, *Noix-de-Coco*, *Ananas;* il en est qui sont *Aconit*, ét cet Arbre terrible, dont le poison n'est recueilli que par un Condamné à-mort, qui le reçoit dans une coquille, ét qui est tué, s'il n'a pas bién pris le vent, ou que sa direction soit venue à changer : Ces *Pensées-poisons* peuvent denaturer l'âme qui s'en nourrit, ét même la tuer, c'est-à-dire la forcer d'entrer dans un corps sur-le-champ, pour s'y livrer au crime : C'est l'origine des fameux Scelerats; comme la mauvaise nourriture ordinaire, nous donne les Gens faibles, sots, faux, méchans dans tous les genres : La bonne ét saine nourriture aucontraire, les *fruits* delicieux, les *viandes* succulentes, nous donnent les Honnêtes-gens, les Êtres vertueux.

Il y a en-outre une coction, ou cuisson pour la nourriture *animale*, ou *végétale* : On fait le feu cocteur avec des pensées fermes et solides comme du bois de chêne, et tout autre bois ; la nourriture, *pensée*, ou *desirs*, se cuit, s'élabore, et en deviént plûs digerable, plûs salubre....

Je ne savais pas tout-cela, en commençant cet article, mon incomparable Hortense : Je m'instruits, en vous instruisant, comme la Colombe commence à digerer la nourriture de ses petits.

REPONSE A LA XLIX.me LETTRE.

6 Avril.

Pour-le-coup, chër Mari, nous voila parfaitement instruites ; et nous sommes convenues toutes-quatre, que ta méthode nous servirait : Quand nous aurons un *desir*, une *volonté* inconsidérés, nous leur appliquerons, et pendant longtemps, une *pensée* forte, pour bién cuire ce *desir*, cette *volonté*, afin qu'elle ne nous donne pas une indigestion, qui, je crois, chéz les Ames se nomme, suivant sa gravité, *Regret*, *Repentir*, ou *Remords*? Ainsi, tu vois que ton Épouse ét ses Amies, tirent une excellente morale de tout ce que leur dit un Homme, aimé de toutes-quatre, sous les acceptions qui leur conviénnent. Ta Lettre est fort ingénieuse! Mais nous aspirons au moment où tu nous reparleras des Ames de notre connaissance.

(*Affaires*).

L.me LETTRE.

D. m. T.   21 Mars

ON me dira, Que c'est une folie, de mener paître des *Desirs*!... ,, Hé, qu'est-ce que cela veut dire? (s'écrieront les Raisonneurs); (car ce ne sera pas mon Hortense: bonne ét simple, autant que spirituelle, Hortense ne trouve rién d'impossible; parcequ'elle ne se pique pas de savoir jusqu'où s'étendent les limites du pouvoir de la Nature). Il faut donc employer cette Lettre-ci, à repondre aux Raisonneurs.

„ Meſſieurs : Vous ſavéz, ou vous ne ſavéz pas, que tout est ſubstance dans la Nature. Vous voyéz la ſubstance grossière de la Terre, ét celle des sëls-fixes; puis celle de l'eau; puis vous entrevoyéz celle des sëls volatils : Vous ſentéz l'air; c'est-à-dire, que vous le *percevéz* par un de vos sens; puis le fluïde électriq, le même qui alume le bois, ét le fait conſumer; puis vous devinéz le fluide magnétique, par ſes effets; vous ſoupçonnéz l'æthër, qui est l'air, ou l'atmosphère des Soleils; vous ſentéz ét vous voyéz la ſubstance des Astres, qui est lumière ét chaleur : Vous devinéz la ſubstance divine, qui est l'intelligence, par celle qui est en vous, ét par le bel ordre de l'Univërs, qui est ſa partie corporelle; ét vous conjecturéz que la ſubstance intellectuelle est un fluïde plüs épuré que l'æthër, que la chaleur, que la lumière ſolaire, ét qu'on peut la nommer, le *fluïde-électricomagnético-intellectuel divin*. Tout ce qui est en nous, la *Terre* ou le *Globe* l'a plüs en grand; le *Soleil* l'a auſſi plüs parfait, et plüs épuré : Tout ce qui est dans les

Soleils, est presque parfait; et infini, dans le *Soleil-des-Soleils*, dans le Centre-univerſel, en *Dieu*. Or le fluïde-intellectuel, par lequel tout penſe et raisonne, est le fluïde électrique de *Dieu*; lequel fluïde imboit les Êtres de l'Univërs propres à le recevoir; non directement, immediatement, mais par les intermediaires naturels, le *Soleil*, les *Cometoplanètes*, il paſſe de Ceux-ci aux differens *Animaux*; dans le *Soleil*, aux *Hommes* et aux *Animaux ſolaires*; du *Soleil*, aux *Cometoplanètes*: des *Cometoplanètes*, aux *Hommes* et aux *Animaux-planetaires*. Tout, dans la Nature, est TYPE, ET IMAGE : Si on mange corporellement ſur la Terre on, doit manger corporellement dans le *Soleil*; et ſubstanciellement ſur le *Centre-universel*, où tout tombe enfin, *Dieu*: Si l'*Inſecte-terrestre* mange, la Terre doit manger à ſa manière: Si l'*Inſecte ſolaire* mange, le Soleil (à ſa manière), doit manger auſſi : Si tout mange, le *Centre-univerſel* doit tout dévorer un-jour, tout abſorber, pour tout rendre, après s'en être nourri: *Dieu* est le *Serpent* qui dévore ſa queûe et la partie non centrale de ſon corps.

» Lorsque, d'après Yfflasie et Clarendon, je vous ai décrit l'état des Ames des Êtres-terrestres, je n'ai pas entendu vous dire, que cet ordre de choses ferait éternel; rien n'est éternel que *Dieu*: mais feulement, que tel ferait l'état des Ames terrestres, tant que le *Globe terraquée* durerait.... Après cette explication neceffaire, continuons.»

» Les Ames encore *terrestres*, ont une vie à-peu-près pareille à celles qu'elles auront en *Dieu*, quand *Dieu* aura tout abforbé, *Terre* et *Soleils*, dont *Dieu* fe nourrira, et fe nourrit. Elles doivent donc manger à leur manière, qui est *differente* de celle des corps, mais qui néanmoins conferve avec celle-ci toutes les reffemblances poffibles; parceque l'âme étant une fubftance, comme la *Terre-Globe*, comme le *Soleil*, comme *Dieu*, Centre-univerfel, et ayant du mouvement, parconféquent de la déperdition, elle perd neceffairement, et neceffairement elle doit fe reparer ».

Je ne crois pas pas, ma belle et tendre Épouse, que Meffieurs les Savans et les Raisonneurs ayent rien à repondre à cela .... A demain, une autre matière.

REPONSE A LA L.me LETTRE.

7 Avril.

O mon Ami! comme tu t'élèves haut, dans ta dernière! Tu nous y donnes en aperçu, la gradation de toute la Nature! Mes deux Amies disent, que c'est de la haute, très-haute philosophie! ét *Filète* a relu ta Lettre trois-fois... J'ai afféz bien conçu ta claffification des Êtres, depuis l'*Animal-terrestre*, jusqu'à l'*Être-Centre-u-niverfel*; il y a mieux, c'est que je fens qu'il est naturel que les choses foient ainfi. Le principe que tu poses, que tout est TYPE ET IMAGE, dans la Nature, est admirable! Car il en resulte, qu'en connaiffant l'*Homme*, on connaît tous les Êtres, jusques à *Dieu*. ,, L'Homme est l'image de la *Terre* (nous a dit la Comteffe), la *Terre* est fon Type, ou fon modèle....,,Bon!(a répondu vivement *Filète*); j'entens! je me perdais à ce principe fi clair! Mais un feul mot expliqué, je l'entens.... ,, La *Terre* (a repris la Comteffe, est l'image du *Soleil*, ét le *Soleil* est fon type, ou fon modèle, fur lequel elle est formée): Il existe donc entre l'*Homme*, arrière-image, ét le *Soleil*, une reſſemblance? Le *Soleil* est l'image du *Centre-univerſel*, de *Dieu*; ét le *Centre-univerſel* est le type du *Soleil*: Il existe donc une reſſemblance entre l'*Homme* ét la *Terre*, l'*Homme* ét le *Soleil*, ét l'*Homme* ét *Dieu*? Hé! quelle est cette reſſemblance? L'*Homme*, comme eux, est un Individu; comme eux, il vit; comme eux, il a des idées, penſe, veut, execute: Comme eux, il commence, croît, dépérit, ét ſe diſſout!... Mais *Dieu* est-il un Individu? ,, Il l'est ſeul réellement, puisqu'il est tout. ,, Mais *Dieu* penſe-t-il? ,, Voyéz ſes penſées, ſa volonté; c'est l'ordre, la marche des choses. ,, Mais est-ce qu'i meurt? ,, Non; mais il diſſout tout en lui; ét c'est bién-là ſe diſſoudre ſoi-même; ét il reproduit tout. Il reſſemble à un horloge de ſable, que toujours le même ſable peut faire mouvoir. ,, Mais puisque *Dieu* est le ſeul Individu, comment les autres Êtres, le *Soleil*, la *Terre*, l'*Homme* le sont-ils? ,, Par reſſemblance seulement: Ils forment de petits Centre finis, comme *Dieu* forme le Centre infini dans lequel ils sont ,,....

,, Je tiens (a-t-elle ajouté), cette doctrine de M. DE-Fontlhête, quand il venait chéz MOI ,,...

En voila bien long, aujourdhui !... Mais j'avais la tête remplie.

LI.ᵐᵉ LETTRE.

D. m. T. 22 Mars.

ON dit, qu'il n'y a point de *Sorciérs*, de *Sotiléges*, ni de *magie*... C'est fort bien fait de le dire, ét je rens grâce à la Philosophie, de l'avoir perfuadé.... Cependant, chère Épouse, il m'a falu un-peu de magie, c'est-à-dire de pouvoir surnaturel, pour causer, comme je le fais, avec Yfflasie ét Clarendon. N'en dites rién ! Femme chérie ! même 50 ans après ma mort ! On se moquerait de MOI, ét peutêtre de vous, qui ne seriéz plus auſſi jolie que vous l'êtes à présent.... Si, par impoſſible, vous me surviviéz de 500 ans, hâ ! ce serait autre chose ! On paſſe aux Anciéns, ce qu'on ne paſſe pas aux Modernes, ét les sornettes ne sont plus sornettes, quand 60, 100, mille générations les ont repetées. Je pourrais vous en citer de fameux exemples ; mais je ne veux pas remonter plûs haut que *Saint Ignace*, ét *Saint François d'Assise*, qui étaient deux grands *Sorciers*, comme il appert clairement par leurs Œuvres. Le premiér a fait le plûs grand acte de *sorcellerie*, qui ait jamais existé ! Et quoique l'acte du Second soit moins brillant, il est plûs miraculeux encore, puisque *François* (français d'origine), a parlé maintefois à ses Frères les *Animaux*, à ses Sœurs les *Grenouilles*, ét que les Uns lui ont repondu, ét que les Autres lui ont obéï... Ne dites dont rién de ma magie ; tout *Fourbe* ancién, à-compter de *Moïse*, de *Jesuah*, de *Mahomet*, de *Saint-Ignace*, de *Saint-François*, est un Saint, tout *Fourbe* moderne est un Fripon ; ét grâces à notre Siècle incroyant, jamais *Mesmër*, ni *Cagliostro*, ni le Patriache des *Martinistes*, *Schulembourg*, ne seront canonisés. (C'était la même chose chéz les Grëcs ; *Trophonius* était un Saint, ainsi que *Tiresias*; ét aulieu qu'*Appollonius* de *Thyane*, ét les petits Astrologues du Temps de

Néron, ét de *Domitien* ont été bannis!... Mais à vous, mon excellente Amie; à vous, qui poſſedéz tout mon cœur, je puis vous dire en confidence, que je suis tant soit-peu *Sorcier*, pour mes menus plaisirs. C'est donc par la magie, (non que j'*évoque* l'âme d'Yfflasie ét de Clarendon) mais, qu'agiſſant sur la miénne, je la force à quitter à-demi son envelope mortelle, à sortir tout le buste hors du corps, comme un Escargot, pour converſer avec les Ames. C'est une vision, qui m'a donné ce goût; j'en ai fait une réalité.

A-présent, que vous voila bien instruite, ou que je crois que vous l'êtes (car je recommence sans-ceſſe mon exposition), je vais reprendre l'histoire des deux Ames bergères.

Je vous ai dit que cet agreable emploi, autrefois, la prérogative des Enfans chéris de leurs Parens, ét dans les temps héroïques, l'occupation des Héros ét des Demi-dieux, était celle des Ames decorporées parvenues à l'adolescence. Elles commencent par paître les *Brebis*, après quoi, on les charge des *Boucs* et des *Chèvres*; puis des *Bœufs* et des *Genisses*; enfin, des *Anes*, des *Chevaux*, des *Chameaux*, des *Eléphans*. Après tout-cela, les Ames deviénnent chasseresses, pour détruire les Desirs *Lions*, *Tigres*, *Ours*, *Hyènes*, *Crocodiles*, *Serpens*, etc^a. Ou elles deviénnent Pêcheuses, pour approvisionner les Ames de *Poissons-pensées*, *desirs*, tirés de la mer intellectuelle: Ou Mineralogistes, pour fouiller la mîne des idées, et y trouver, ce que nous appelons encore aujourdhui des *idées-d'or*: Elles en extraient aussi des idees de cuivre, d'Étaim, de fer, de plomb, de mercure, de zinc, etc^a. dont on tire parti, pour ren- les idées de plomb ou d'Étaim, plus fermes: On colore le tout, soit avec le *minium* ou mine de plomb, soit avec le *fer*, coloriste généal de la Nature.

REPONSE A LA LIme LETTRE.

8 Avril.

VOILA de grands détails donnés, chèr Mari! Un Auteur ordinaire en aurait fait sa préface. Tu es donc un-peu sorciér?

Hâ! j'en suis ravie! tu en éviteras mieux les piéges, ou les dangers.... Tu n'avais encore rien dit de la mineralogie intellectuelle, ét tes *idées-d'or*, sont une idée d'or elle-même.

Ce qui regarde les *Saints*, a fait sourire mes trois Amies. Pour moi, je craindrais que l'*Inquisition* ne fît ouvrir tes Lettres, ét il y a réellement là de quoi te faire mettre en *auto-da-fé*. Il est vrai qu'étant Ministre publiq d'une Puissance étrangère, tu risques moins qu'Un-autre: Mais je ne m'y serais pas fiée, il y a quelques siècles... Aureste, des Lettres pareilles marquent que tu jouis d'une parfaite santé: C'est ce qui me les rend doublement agreables.

[*Affaires.* *Quoique Fontlhète fût alors dans le Tombeau, les details d'affaires n'étaient point perdus: Ils étaient renvoyés par l'Ami successeur à l'Homme d'affaires de la Présidente, qui en fesait l'usage convenable: Ainsi, tout alait, comme du vivant de Fontlhète: Persone ne pouvait mettre le néz dans ses affaires, puisqu'il y avait un Enfant vivant, ét quant à la tutelle, le Ministre de la Justice prévenu des motifs, avait lui-même tout arrangé*].

LII.me LETTRE.

D. m. T.   23 Mars.

Yfflasie ét Clarendon furent pendant trois ans Bergères Rién n'est comparable à leur bonheur durant cet intervale. (Tout ce qu'on raconte du bonheur des anciéns Bergérs nous viént de l'autre vie, sans-doute). Je le voyais au charme de leurs entretiéns : Mais s'ils m'étaient utiles, je leur étais également neceſſaire. Je leur rappelais les maux de la vie corporée, qu'ils oubliaient, comme toutes les autres Ames les oublient, à-mesure qu'elles s'en éloignent : Je les engageais à règler leurs desirs ; à ne prendre que d'excellente nourriture intellectuelle, ét ils m'écoutaient.... Je vais vous peindre leur vie pastorale.

Les *Desirs-brebis*, qu'ils conduisaient, sont d'autant plûs doux, que chaqu'un d'eux est uni à l'âme paisible d'une *Brebis*, d'un *Agneau* ; c'est par cette raison qu'un *Desir* est *brebis* aulieu d'être tout autre chose. Le matin, avant de conduire leur Troupeau dans les vastes plaines des idées, il falait cependant qu'Yfflasie ét Clarendon prîssent uue peine: C'était d'écarter de leurs ovailles les *Desirs* étrangers, comme *Chèvres*, *Cochons*, et surtout les *Desirs-Loups*, qui dévorent les *Desirs-brebis*. (On sent bien que ces *Desirs-Loups*, étaient tous unis à l'âme d'un *Loup*-decorporé. Mais quand ce triage était fait, on avait une journée tranquile). On laiſſait à l'étable, avec une nourriture convenable, les *Desirs-malades*.... Cependant Yſſlasie avait souvent un crève-cœur! C'est que les Ames-*bouchères*, venaient lui prendre les plûs dodus des individus de son Troupeau, et qu'elles les emmenaient, pour les tuer. Le pauvre *Mouton* laiſſait sa plüs pure substance, pour la nourriture des Ames humaines, et sa petite âme bêlante rentrait dans le premiér embryon de son espèce, au moment où le *Beliér* saillait une *Brebis*. Elle errait, après sa *dilaniation*, jusqu'à ce moment. Ainſi, quoique la vie des *Bergers* fût très-douce, elle avait ses peines. Il semble que la Nature ne veuille pas que les Êtres soient parfaitement heureux, autrement que par leur parfaite réünion avec *Dieu*, ou l'Être-principe.

Un avantage qu'ont les Ames nues, c'est qu'étant plus éclairées, elles se lassent de l'état qu'elles doivent quitter (Aulieu que les Êtres corporés aiment la vie également jusqu'au derniér instant). Yfflasie ét Clarendon, en-conſequence, après quelque-temps de la garde des *Deſirs-brebis*, paſſèrent sans regret à Celle des *Deſirs-chévres ét boucs*... Je vous en parlerai dans ma Première.

Vous voyéz, ma Toute-belle, que cela commence à s'arranger. Les âmes des Animaux sont attachées à chaque *Deſir*, ét le modifient. Les âmes végétatives des Plantes, indestructibles, comme celles des Hommes ét des Animaux, sont attachées à chaque *Penſée*, ét lui donnent son espèce, de *pensée-chou*, *navet*, *rave-plate* ou *d'assiette*; de *pensées-fraises*, *ananas*; de *penſées aconit*, *mancenillér*, etc[a]. Les Mineraux ſuivent la même règle : Mais leur âme, quoiqu'indestructible, est ſubstance grossière un composé de *ſels-volatils ét fixes*, liés par le *ſoufre* ou *l'huile*; et la sudation terrestre est leur corps. La marche de la nature est toujours une, pour toutes ses Emanations ſi variées ; tout a vie, âme, corps, à sa manière, et marche parallèlement. Rien de ſi ſimple que la Nature, depuis *Dîeu*, juſqu'au *rocher*: La ténuité, l'activité, la chaleur, la vue, la connaissance mentale ; la materialité, la pesanteur, la solidité, etc.ᵃ constituent toute la différence des Êtres. *Dieu* n'est pénetration, activité, intelligence infinie, que parcequ'il est le *ſel-volatil* le plüs fin, le plüs ténu, le plüs pénetrant. Le *rocher*, aucontraire, est non-ſeulement inconnaissance, inſenſibilité, mais maſſiveté, inertie abſolue.

RÉPONSE A LA LII.ᵐᵉ LETTRE.

9 Avril.

Nous ſuivons tous tes details, bon Mari, avec une attenſion scrupuleuse, et tu rirais de notre gravité, ſi tu nous voyais lire, ou écouter tes Lettres. Nous ſentons effectivement que ta doctrine éloigne de l'athéiſme les Esprits les plüs raisonnables, et les ramène par la physique, à l'aveu de la *Divinité*. Cette reflexion, qu'ont fait Trois de nous, a enchanté ma *Filette*, qui s'est involontairement écriée : —Hô ! ce cher M.ʳ DE-Fontlhêre ! je ne le verrai jamais... je crois-! Tu remarqueras comme cette 2.de moi-même te desire?... Tu l'aimeras tant que tu voudras; je te repons bien de n'en être pas jalouse....

Nous avons ri de l'idée des *Ames-bouchères*!... Sans-doute ce sont les Ames des Bouchers corporés, qui sont *bouchères*, après que l'âme est separée du corps?.... Mais ce qui nous a frappées davantage, ce sont les âmes des Animaux et des Végetaux! L'idée des *Desirs*, tantôt BREBIS, tantôt TIGRES, etc.ª, est neuve et plaisante... Aureste, tout est neuf dans ton Ouvrage... Mais ma tendreſſe, mon admiration pour toi ne sont pas neuves; elles sont de tout temps.

LIII. LETTRE.

D. m. T. 24 Mars.

MA belle Hortenſe! Je vous ai dit que l'expreſſion, *C'est une idée d'Or*, était paſſée du langage des Ames, dans celui des Êtres corporés : Qu'il y avait des idées d'argent, de cuivre, d'étaim, de plomb, de fer, d'aimant, de mercure, d'antimoine, de bismuth, de zinc, d'arſenic, etc.ª; de ſoufre, de ſel, de pierre, de caillou, de diamant, d'argile, de boue! Ce qui prouve bien que la recherche de la pierre-philosophale est une folie, c'est que jadis il y eût des Folles *souffleuses* parmi les Ames; il en est qui ont prétendu faire des idées d'or, avec des idées de cuivre; des idées d'argent, avec des idées d'étaim ou de plomb ; et malgré toute la sagacité qu'ont les Ames, elles n'ont jamais pu en venir à-bout... Elles ont été plus loin : sous prétexte que le Diamant est le produit du suc le plus pur du caillou, qui est la terre-siliceuse, elles ont voulu faire des idées Diamant, avec des idées-caillou. Elles n'ont jamais pu y réussir... Enfin, il en est qui ayant pris une quintessence de *Fontanes*, de *Beaussol*, de *Palissot*, de *Leblanc*, de *Durosoi*, de *Marin*, de *Nougaret (Jean)*, et du *Cousin Jacques*, une livre de chacun, ont voulu en faire une demi-once de *Voltaire :* Il n'a jamais été possible! l'opération a manqué. *Fontanes* donna du mercure intellectuel; *Beaussol* du tombac; *Palissot* de l'arsenic; *Leblanc* du zinc, qui jaunit le cuivre; *Durosoi* de l'antimoine qui durcit le plomb; *Marin* du minium ; *Jea-Nougaret* du foie-de-soufre, propre à detruire la vermine de la tête des Enfans de la Pitié; le *Cousin-Jacques* du sël-de-nître, pour rendre la lumière solaire aussi froide que celle de la Lune. Elles amalgamèrent le tout ; la fusion se fit au feu de reverbère; la matière ne volatilisa pas, les 8 livres pesant en donnèrent 16 de caput-mortuum, ou tête-morte, ou précipité noir; toutes les molécules lourdes qui s'étaient trouvées aux environs, s'étant réünies au mêlange, par la loi des affinités. Une 2de manipulation changea le tout en ocre, ou chaux de plomb, qu' on obtint, aulieu d'or... intellectuel, autrement du métal précieux dit *Voltaire*.

Ainsi l'Homme, même decorporé, ne peut changer la nature des mineraux ; la puissance qui les a faits, ne peut être communiquée à des êtres finis.

Caque plante qui meurt a donné une partie de son âme à sa graine, et l'autre s'élève, par une force centrifuge naturelle, avec les âmes des Animaux et des Hommes, qui ont eux-mêmes donné aux Petits ou aux Enfans qu'ils ont faits, une

partie

partie de leur âme, à la surface de notre atmosphère : C'est-là que les âmes végetales croîssent, comme les Plantes materielles naîssent et croîssent à la surface de la Terre ; elles y sont un végetal presqu'immateriel, propre à la nourriture des Animaux et des Hommes decorporés. Les Ames des 1ers païssent là, comme les Animaux corporés païssent dans nos prairies et dans nos champs.

De-même dès qu'on a tué un Bœuf, un Mouton, un Cochon, un Cerf, un Lièvre, un Loup, un Tigre, leur Ame, dont ils ont donné la surabondance à leur propagation [à-moins qu'ils ne fussent eunuqs], s'élève à la surface de l'atmosphère, y pait l'herbe presqu'incorporelle, ou-bien y devore des Ames d'Animaux. Ceux-ci, à leur tour, servent d'aliment aux Ames humaines... Les chèvres que païssent à-présent Yfflasie et Clarendon, donnent un lait incorporel, qui restaure les Ames *faibles*... Ainsi la calote ou surface de l'atmosphère, a 20 ou peutêtre 40 fois plûs de circonference que le Globe terrestre qu'il environne, à tel ou tel nombre de

I Volume.   J

lieues : cette calote atmospherique a ses montagnes ét ses vallées mobiles, qui ne gênent en rien des Ames aussi mobiles qu'elles : Elle est habitée, parcourue, bâtie intellectuellement, tout-comme la surface matérielle du Globe l'est corporellement Si je n'ai pas dit tout-cela plütôt, je n'ai que le tort de l'ignorance; je ne le savais pas.

Ainſi les Ames, que je croyais à l'abri de tout peril, ne sont pas dans une securité parfaite. Elles peuvent être bleſſées, tuées même, ét par là se voir forcées à prendre un corps beaucoup plütôt qu'elles ne le desirent ! Une Ame humaine peut être dechirée par une Ame Lionne, ou Tigresse, envenimée par un Ame Serpente, dans les Pays spirituels audeſſus de ceux où se trouvent ici-bas les Lions, les Tigres ét les Serpens-géans ; tout-comme les Ames Françaises placées audeſſus de notre atmosphère, peuvent être dechirées par une Ame Louve-cervière, ét une Ame Bête du *Gévaudan*.

Vous voyéz par tout-cela, ma belle Hortenſe, que ce monde corporel est parfaitement le singe du monde incorporel; que tout se fait ici à l'imitation de ce qui se fait là-haut?... Aussi vais-je biéntôt vous parler du Gonvernement des Etats incorporels. En attendant, je dois observer dabord, combien est juste l'expreſſion, *monter au Ciel*, en parlant des Ames des Morts; en 2^d lieu, combien *Homère* s'est groſſièrement trompé, en aſſurant que l'état des Ames est si miserable, qu'elles regrettent continuellement leurs corps; cette idée est immorale, destructive de la vertu, du courage, et le contraire de la verité.

REPONSE A LA LIIIme LETTRE.

20 Avril.

Il faut avouer, mon Ami, que nous ne nous attendions pas à te voir realiser l'idée d'un ciel et d'une espèce de paradis audeſſus de nos têtes! Il ne faut jurer de rién, quand On est en relation avec un Homme-d'esprit! Voila *Jesuah* montant naturellement au ciel le jour de son *Ascenſion*. Voila sa benoîte Mère suivant la même route, le jour de son *Assomption*:

Voila l'*Echelle de Jacob* verifiée! Voila *Saintbenoît* y montant de-même, à la vue d'un jeune Frèrot : Voila ce pieux Moine *Bruno* (je crois), voyant les Ames du Purgatoire monter au ciel, à-mesure qu'On leur disait des meſſes!... Hô! que de Fous tu rens sages, vraiſemblables, par ta dernière Lettre!... Si tu ne mettais pas quelquefois de petites *antic'ristianisteries* dans tes Lettres, tu pourrais être un-jour canonisé, ét nous invoquerions, dumoins nos Enfans invoqueraient, dans leurs Litanies, Monſieur S. Fontlhète, en lui disant : ora pro nobis!

Je suis reellement bien et douloureureusement affligée, que les Ames aient des risques à courir! mais tu nous as demontré que les deux genres de mort sont ſi peu de chose, qu'enverité l'on ne doit guère s'en embaraſſer.... Ici mes deux, Amies, ét ſurtout Filète, qui lisait par-deſſus mon épaule, m'ont ſauté au cou, avec attendriſſement.... Ce petit mouvement m'a ſurprise!... Mais auſſi nous nous aimons ſi tendrement. [*Affaires, auxquelles l'Ami repondait, comme il était convenu.*]

LIV.me LETTRE.

D. m. T.   25 Mars.

Ne trouvéz-vous pas, ma chère Femme, qu'en adroit courtisan, je fais ma cour aux Grands du Monde dans lequel je vais biéntôt entrer ?... Soyéz sûre, ma Biénaimée, que tout ce que je vous dis de l'état des Ames, est vrai, ét que je ne vous le dis que par le motif du plüs tendre attachement!... Je ne vous dissimurai pas que je m'occupe avec force, avec intenſité, de ces idées, que je suis parvenu à me perſuader à moi-même : Elles répandent un baume salutaire dans l'âme de Celui qui les croit.

Yfflasie ét Clarendon eürent beaucoup de peine à garder les chèvres incorporelles, qui leur causaient quelquefois de grandes impatiences, en s'écartant, en graviſſant, en se tenant suspendues à des *idées-roches*, qui avançaient sur les précipices d'*idées neiges* ét *glaces*, ou qui se panchaient sur une mër d'*idées tempêteuses*, ſe roulant en vagues horribles ; ét cela, pour aler broûter les feuilles de *pen-*

fées-ronces ou *thin...* Mais c'était de l'exactitude à bien remplir ces premiers emplois, que dépendait la confiance qu'On devait prendre en elles, pour les revêtir des charges les plus relevées. Les Ames qui n'avaient manqué à rien, dans l'état de Bergères, de Chevrières, de Porchères, de Bouvières, d'Anières, de Chevalières, de Chamelières, de Cornaques, etc², suivant les Pays, parvenaient aux 1res magistratures, par l'âge et le mérite.

On trouve auſſi chez les Ames des Arts et des Métiers; mais les métiers y sont plus honorables que les arts. Car voici la règle : Plus une profeſſion est utile, plus elle est estimée. Et comme les choses utiles se font de routine, On marque une une grande reconnaiſſance aux bonnes Ames qui s'astreignent aux choses non amusantes. Rien de ſi commun que l'esprit et la pénétration, chez des Êtres dégagés de corps : Auſſi la bonté est-elle préférée là-haut à la transcendance ; un Genie borné y est un fenomène, parcequ'il est rare, et qu'il fait volontiers les choses les plus communes : La modestie y est audeſſus du talent, ét la timidité, audeſſus de la gloire. Chéz les Ames, on ne ſe trompe jamais ſur le vrai merite, attendu qu'elles ſont transparentes les Unes pour les Autres.

REPONSE A LA LIV.me LETTRE.

7 Avril.

Graces, mon Ami, de tes tendres ſentimens! Ils flatent mon cœur. Cependant tu portes, sans le vouloir, des atteintes à ma tranquilité! Ne mets plus dans tes Lettres, de ces demi-mots inquiétans, que je né veux pas repéter..., Mais Tu aſſures que ce que Tu rapportes des Ames est vrai... Filète me l'aſſure auſſi.

Voila donc Yfflaſie ét Clarendon chevrières!... J'aurais autant aimé qu'elles eüſſent été toute autre chose. Mais enfin puisqu'il le faut, ét qu'elles se comportent bién dans cet état; je m'en rejouis puisque c'est un moyén de parvenir.

Je ne sais s'il est bién que, chéz les Ames, les arts soient audeſſous des metiérs, ét les Sots audeſſus des Gens-d'eſprit? Les raisons que tu en donnes, chër Mari, sont bién terrestres!... Mad. DE-Marigni prétend que, s'il en était ainsi parmi nous, tout serait bouleversé! Elle assure que les arts, enfans de l'aisance et de la liberté, auraient préservé l'Espèce-humaine de l'esclavage, s'ils avaient existé, du temps de l'irruption des Barbares! Qu'elle tient des Missionaires de la Chine, que c'est par leurs arts conservés, que les *Chinois* soumirent à leurs usages des Vainqueurs aussi feroces que les *Tatars* orientaux.

J'ai trouvé ce raisonnement fort-bon, ét Tu l'apprécieras... Mad. DE-Beauchamois y ajoute l'exemple des *Castes-Indiénnes*, qui ont avili les conditions laborieuses. Tu jugeras cela (*).

(*) Hâ! la question aurait été biéntôt décidée, si ces Lettres avaient été écrites après la Révolution. *Note du 16 juillet 1796.*

LVme LETTRE.

D. m. T. 26 MARS.

D'APRÈS ce que je vous ai dit, mon Hortense, vous ne devéz pas douter qu'

il n'y ait, chéz les Ames, des Auteurs,
des Ouvrages ; des Acteurs, des Tragédies, des Comédies, des Drames, des
des Opéras, des Pièces-ariettes, des Pièces-Vaudevilles : Le 3me genre, le Drame, est le plus estimé ; ensuite l'Opéra ;
puis la Tragedie ; l'Ariète ; le Vaudeville; ét la Comedie est le derniér : car il n'y
a point de Parodie chéz les Ames.. Je me
propose bién de vous écrire des sujets de
Pièces, ét même de vous rapporter une
Pièce entière, dês que j'en aurai vu représenter une : ce qui ne tardera pas. Je
vous parlerai aussi du mérite des Act^{rs} ét
des Actrices : (Observéz qu'ici les ci-devant Mâles font les rôles de Femmes, ét
les ci-devant Femelles, les rôles d'Hommes). Les Unes ét les Autres sont peu
estimées, quoiqu'elles fassent grand plaisir ! Et la raison en est simple ; c'es que
ce sont presque toutes des Ames de Singes, qui se sont trouvées propres à l'imitation ; celles des Hommes ét des Femmes
étant trop fières pour s'abaisser à cet emploi. Or c'est un grand avantage, pour
les Ames-singes, que d'être propres à cet^{te}

J v

occupation ! car lorsqu'elles ont été Actrices distinguées, la forte expression des passions les-épure au-point, qu'elles passent, lors de leur recorporation, dans des corps humains. Ordinairement ces Ames deviénnent Acteurs et Actrices terrestres, après leur recorporation humaine: Yfflasie et Clarendon apprirent, que la Citoyène *Contat*, avait été cette Guenuche, dont parle un Voyageur, qui ayant trouvé un jeune Officiér Français naufragé, le secourut, l'alimenta, en fit son Amant par ses careffes, ét une figure de Guenon presqu'aussi agréable que celle de l'Hottentote de *Vaillant*: Elle le garda 3 ans; ét c'est, dit-on, la plus longue constance qu'elle ait eüe dans ses 2 vies; elle ne gardait ses Amans-Singes que le temps du coït, ét dans sa vie actuelle, ses Amans-Hommes qu'une soirée.... M.lle *Raucour*, dans une vie précedente, avait été cette groffe Ponghote, qu'un autre Marin, Pilote, jeté sur une plage deserte, à l'âge de 35 ans, rencontra mourant de besoin, qui le nourrit aussi, dont il fit sa maîtresse, la prenant pour une Femme-sauvage, ét dont il eüt 2 Enfans: Mais s'étant enfin aperçu qu'elle ne pouvait parler, il vit bién que ce n'était qu'une Guenon. Un vaisseau parut : la Ponghote se trouvait abſente pour la provision : l'Home fit signe : le canot vint le chercher. Il était à 100 pas du rivage, lorsque Guenon Raucour parut : Elle se jète à la nage ; On la repousse à coups d'aviron : Indignée, elle revint à terre ; amena ses Enfans, les montra à son Infidèle : Mais le voyant monter sur le vaisseau, elle entra en fureur, les déchira, ét les jeta aprês lui dans la mër... C'est ce qui fait qu'aujourdhui la cit. Raucour joue ſi bien dans la *Médée*.

Nous sumes aussi que *Sainval* l'aînée avait été une Guenon à feſſes pelées trèsméchante ; sa larmoyante Cadèle, une orangoutanghète; *Clairon*, une cercopithèque, ou Guenon-à-queûe, très-fretillante; d'où lui vint son nom de *Fretillon*. *Lekain* a été un Pongho à face bleuë trèsrâblé ; *Môlét* un Mamonèt, sorte de cynocephale ; *Larive*, un Babouin, de ceux que les Hollandais nomment *Smitten*, qui sont de la tâille de l'Homme. L'Actric

Hus, avait été une Mandrille, espèce de singe qui volontiérs commerce avec les Hommes : la cit. *Deviénne*, en sa vie singe, a été de la race que les Nègres nomment proprement Guenons : l'aimable *Mézerai* a été ce joli petit singe Marmot, qu'On trouva sur le dos de sa Mère, tuée d'un coup de fusil, dans un champ de cannes-à-sucre, qu'elle arrachait, qu'On éleva, èt qui devint un charmant Animal, comme le raconte fort au-long le Miſſionnaire Cabaſſon : mais On ſoupçone les Marmots, qui se concertent, s'appellent èt se repondent, d'être une extrême variété de l'Homme : l'Ame de la jeune *Mars* avait auparavant été celle d'un silène refléchi ; ce qui fait qu'elle joue ſi bièn les rôles de raison, qui ne sont pas la même chose que les raisoneurs : Sa grande Sœur avait, dit-on, animé une grosse Barris, forte d'orang-outang que les Nègres accusent de ne pas vouloir parler, depeur qu'On ne les faſſe travailler : La délicate *Hopkins* avait été une cëïlane, singes autrement dits Becsdelièvre : La delicieuse cantatrice du Théâtre

Montanſiér, l'inimitable *Caroline*, fut à sa vie précedente, un joli singe-rat ou castor de l'Inde, autrement nommé bugès; c'est de toutes les espèces de singes la plüs agréable. *Dumesnil* avait été eü pour père un grand cébus d'Angola, de la couleur du loup, ayant la tête d'ours; ét pour mère, une Femme du Roi du Pays laquelle ayant été ſurprise en infidelité, fut condamnée à être prostituée au cébus de la ménagerie, après qu'On l'aurait enivrée de vin de palmiér.

Passons à l'Opéra. *Vestriss* pére avait été un beau katuïas du Brésil, le plüs agréable ſauteur du Nicolet des ames; son *Fils*, soi-disant, lui était commun avec un makaquos, qui alternativement couvrait un monstre aîlé, moitié femme moitié harpye; Makaquo-Aîlé-Vestriss tiént sa légèreté de sa Mère, ét sa force de ses péres. Mlle *Arnoult* avait été une des plüs alertes léocephales de toute la singerie; *Beaumesnil*, une des plüs dociles; *Rosalie* une des plüs têtues; *Duplant* une des plüs vigoureuses. *Sainthuberti* n'avait pas animé un singe complet; mais un corps métif, sorti d'un Cariòt et d'une Noire Jalofse, qui fut aimée du Fils du Roi d'Ardra, lequel la viola, le jour même qu'il la prit à la chaſſe : Mais la Manimonbanda du jeune Prince, c'est-à-dire sa 1ʳᵉ Femme, l'ayant ſu, elle le dit au Roi, qui trancha la tête de la Métive : le Fils du Roi d'Ardra, au desespoir, poignarda sa Manimonbanda, et le Roi fendit le Prince en deux jusqu'à la ceinture d'un coup de son damas anglais... Au même moment où ces trois Ames furent décorporées, elles se réünirent ét devinrent amies : la Métive fut choisie pour être Actrice chéz les Décorporés, ét ses deux Compagnes la voulurent imiter. Les 100 ans s'écoulèrent : Sainthuberti nâquit femme icibas, ainſi que son Amant : La Manimonbanda anima un Garſon, qui épousa en 1ʳᵉˢ noces son Mari de Guinée, femme en cette vie ; puis étant devenu Musicién au Concert-Spirituel, sous le nom de Santhuberti ét veuf, il épousa la Métive devenue Musiciénne ; celle-ci enfin veuve, elle a convolé, en 2ᵈᵉˢ noces, comme tout le monde sait... *Gardel* avait été un singe médiocre pour le faut, mais ingénieux, quant à l'invention des danfes. La cit. *Gardel* avaitété un joli Elaurans blanc à barbe noire: ét cette charmante Nymphe qui fait une des 3 Grâces, une mignone Guenuche mélaurane noire à barbe blanche...

Aux *Italiens*, tous les Acteurs italiqs avaient été singes à grimaces, comme Mamonets, sagouins, Becs-de-lièvre, Leocephales, etc^a. Ceux de l'Ariète étaient plüs distingués, ét pour la plüpart affez jolis. Un des plüs finguliérs était *Chenard*, dans Gulnare: il était médiocre, mais bouffon, ét du goût de ceux qui aiment ce genre. Je ne dirai rién de plusieurs autres charmans Cantateurs, qui ont été Guenons parmi les Amès, ét qui peutêtre font à-moitié le rôle de Femmes en ce monde-corporé; je craindrais de les fâcher. Paffons au Drame.

Grangér avait été un vilain singe, auffi laid que méchant, de la race des Têtes-de-mort... La groffe *Dugazon*, avait été une Guenuche de l'efpèce des Gatespaules, ou chats-singes de la Côte-d'ivoire, en Guinée, fi recalcitrante, lorsqu'elle était actrice chez les Ames, que l'Ame Directrice était souvent obligée de la faire aler à coups de fouët....

Je ne parlerai pas d'Audinot, de Nicolet, etc^a, dont les Acteurs, les Actrices, ét surtout les Danseurs, ont été des Cercopithèques à longue queûe des plus basses Espèces. En voila bién asséz pour vous donner nne idée de l'origine des Acteurs des Théâtres terrestres, ét vous rendre raison de la méchanceté ou du libertinage de quelques-uns des Individus qui s'y distinguent.

Quant aux Auteurs, On a fait une singulière observation ! c'est que presqu'aucun des Hommes ét des Femmes qui ont écrit, étant corporés, ne sont Auteurs dans l'état d'Ames libres !... J'en demandai la raison ? On me repondit, Que c'était, que n'ayant jamais écrit ce qu'ils pensaient, ils étaient remplacés là-haut, par Ceux qui avaient pensé ce que ces faux Auteurs avaient écrit Ainsi *Férron*, qui n'est jamais accouché que des pensées des Autres, étant venu à mourir pendant que j'étais là, de lui-même se fit gadoire, ét se montrait fort empressé à vider les chaises percées de Descartes, de Newton ét de Voltaire…. A l'égard du petit nombre d'Hommes-de-lettres qui avaient écrit ce qu'ils pensaient, ils n'étaient pas Auteurs non-plûs, mais Magistrats, Géneraux, Princes ou Chefs : car le mot *Prince*, signifie le Premiér-chef, *Princeps*, syncope latine de *Primum-caput*. Or il faut savoir, qu'il existe autanr d'États dans la Spiritualité, qu'On en compte dans la corporalité : Ceux de cette derniére ne sont même qu'une suite de la division intellectuelle. Aussi quand il est arrivé des Révolutions chéz les Ames, elles ne tardent pas à se faire sentir chéz les Corps; D'où viént que l'On dit des grands évènemens : *Cela était écril dans le Ciel…* Ce qui est vrai à-la-lettre.

Reponse a ea LVme Lettre.
21 Avril.

Hoh ! quelles nouvelles de l'autre-monde, mon Ami ! je ne montrerai pas ta Lettre, dans celui-ci : Si elle parvenait à la connaissance de nos Acteurs, surtout de nos Actrices, de l'Auteuse *Molét*, de l'Académicién *Molét*, de l'impérieuse *Contat* plüs irascible encore, elle te ferait belles affaires! Si jamais nos Lettres, recueillies par la ſuite, voyaient le jour, ta dernière serait une preuve que ce n'est pas un Ouvrage d'Auteur: Car quel serait l'Auteur qui eût osé dévoîler l'origine des Ames d'une delicieuse *Contat*, de l'incomparable *Molét*?... Il est deux sortes de Perſones, dont le pauvre Auteur de profeſſion n'ose dire du mal, l'Acteur ét l'Imprimeur: Le 1er se vengerait, en fesant tomber la pièce; le 2d s'inſurgerait plütôt, que d'imprimer une vérité contre son état... Mais me voila bién sérieuse?

Mes Amies ont bién ri, à la lecture de ta Lettre! Et la Comteſſe, dont la Dernière nommée a fait tomber une comédie, s'est écriée d'abondance: ,,Voila donc ce qui fait que Contat est ſi méchante!.... Nous avons aussi remarqué avec quelle moderation tu parlais des Auteurs! Il y avait pourtant là beau champ pour faire glane (comme disent les Bourguignons). .., Mais une chose nous a fait peine; ce sont ces Révolutions arrivées dans les Republiques des Ames !... Il n'y a donc aucun état tranquile dans l'Univers ?... Hâ! c'est que la Nature ne-veut de stagnation nulle-part...

LVI.me LETTRE.
D. m. T. 27 Mars.

Il y a, belle Hortenſe, des guerres chéz les Ames. C'est une triste vérité !... Ou plûtôt, c'est que ces guerres ne sont pas plûs un mal, que les orages de notre atmosphère. Il paraît que tout-cela entre dans la marche de la Nature ; deſorte que cet ordre de choses est pour le mieux.

Les Militaires les plûs courageux parmi les Décorporés, sont ordinairement les Femmes les plûs timides, les plûs douces, lorſqu'elles étaient corporées. Ainſla cit. *Saphô-Beauharnaîs*, chéz les Ames, sera un BONAPARTE. (Vous savéz qu'ici ce sont les Femmes qui sont le 1er-sexe ; la Nature les conſiderant comme plûs essencielles à la multiplication que les Hommes: Un seul Homme pourrait féconder aumoins 100 Femmes en un an; il faut 2 ans à une Femme pour faire un seul Enfant, ét l'alaitér)... Les guerres de là-haut sont la source de celles d'ici-bas ; avec cette différence, que celles des Ames font supérieurement motivées : aulieu de canons, de fusils, de bayonètes, On se lance des argumens, tendant à fortifier ses raisons d'aggression, ét les raisons les meilleures l'emportent nécessairement. La Nation vaincue deviént dépendante de la Victorieuse, et se trouve obligée de lui soumettre ses opinions et ses modes 100 ans durant,.. Une chose fingulière ; c'est que les guerres qui doivent avoir lieu eu Europe, dans quelques années, existent actuellement aux Antipodes, d'où elles se repeteront chéz nous. Cette découverte m'a fait desirer de favoir ce qui se paffait à l'antipode décorporé de la France ; c'est-à-dire audeffus d'un grand Pays austral, appelé la *Nouvelle-Hollande* : Il y avait une Revolution dans le haut de l'atmosphère. Cela nous pronostique, pour dans très-peu de temps, une Révolution ici-bas, en Europe, correspondante à celle de là-haut, audeſſus des Terres-Australes. Je m'informai de ses causes ? On me dit, que c'étaient les Ames perſanes, chaſſées de leur pays par l'horreur des crüautés de *Thamas-kouli-kan*, qui, après leur décorporation, s'étaient inſurgées contre ce Tyran ét ses Satellites.

Mais il faut laiſſer Yſſlasie ét Clarendon paſſer par les différens emplois, ét revenir à des choses que j'ai négligées.

Tandis que les deux Epouses avaient encore des loîsirs, dans leur état de Chevrières, je les priai de ne manquer aucune occasion de s'informer de ce qu'avaient été, dans leur vie précedente, les Hommes ét les Femmes que nous connaissons vous ét moi... Elles ſatisfirent à cette demande, ét elles s'informèrent. Voici le resultat qu'elles m'ont donné,

MARIE-ANTOINETTE, à sa dernière vie corporée, avait été Fille-de-modes, très-galante ét très-courue. Et auparavanr, une jolie Bohémiénne, disant les bonnes ét les mauvaises Avantures... Plüs anciénnement encore, Danſeuse publique. Et immédiatement avant, la Reine Brunehaut cu Brunikilde.

DIANE-POLIGNAC avait été raccrocheuse, du temps du Cardinal Mazarin, qui l'employa, pour repréſeuter la Reine femme de Louis-XIII, une nuit qu'il fut ſurpris couché avec elle. La Publique, qui était là toute prête, remplaça ſi prestement l'autre Catin, que ce fut Diane qui fut vue sortant toute échauffée du lit du Cardinal. Plüs anciénnement, elle avait été *Emma*, fille de Charlemagne, laquelle couchait avec son Père, ét avec Eginhard le beau, qu'icelle porta sur son dos, depeur que les pas masculins du Galant sortant de chéz elle ne fûſſent remarqués.

La Princeſſe CARIGNAN avait été une jolie Vielleuse... Plüs anciénnement la belle Milanaise qui aima François-Ier

La DUCHESSE D'ORLEANS, blanchiſſeuse en fin. Beaucoup plüs anciénnement, la Reine Bathilde; qui avait été, 3 on 4 fiècles auparavant la Fille aînée de Séjan.

La DUCHESSE DE BOURBON avait été, à sa vie précedente, cette pauvre Actrice de l'Opéra, que le brutal Lulli fit accoucher d'un coup-de-piéd dans le derrière; ét très-anciénnement la Reine *Judith*,

2de ét lubrique épouse de Louis-le-Debonnaire, ou le-Nigaud, que ses Evêques firent fouetter, pour les galanteries de sa Femme. C'.a.q.L.xvif.g.p.l.g.d.l.s.

LEBRUN la Peintresse, fut Mlle de Montpenfiér, la même qui épousa secrètemens le Comte de-Lausün, lequel fut renfermé.

La dernière Duchesse DE-MAZARIN avait été Marion-Delorme ; ét très-anciénnemt à Rome, une Publique, appelée *Lycifca*.

Le Contrôleur DE-CALONNE a été ce *Robert-le-Dain* ou le-*Diable*, qui promit de conferver le jour au Mari, moyénnant une nuit de la Femme, ét qui le lendemain tira brutalement du lit cette Epouse abusée, pour lui montrer son Mari, pendu à l'instant même où Ledain la fouillait d'un adultère forcé. Elle devint folle, ét voulut arracher les ieux au Monstre... Il la fit perir.

MEAUPEEOU a été Cartouche ; Non que je le blâme en tout, par cette apostrophe : aucontraire ; il eût quelque raison de rabaisser l'Aristocratie ROBINE.

DE-VERGÈNNES a été Bonneau sous Charles-VII, ét souteneur de mauvais-lieu et Recruteur, du temps de Louis-XIII.

Choiseuil Ministre, à sa dernière vie, a été le père Joseph, capucin; un-peu plüs anciénnement, Guise le Balâfré.

D'Artois fut le Cardinal Dubois.

Monsieur, l'Arlequin Dominique...,..

Je continuerai demain, ma chère Hortenſe, à vous apprendre tout ce qu'ont été Ceux qui sont aujourdhui, pour peu qu'ils en vaillent la peine.

Reponse a la LVIme Lettre.

22 Avril.

Toujours de-plûs-en-plûs interessant, chër Mari! Envérité, la plus vive impatience se fait ſentir, juſqu'au moment de la Poste, et ce ſerait une vraie calamité, ſi elle venait à nous manquer un ſeul jour.

Nous ſommes desolées qu'il y ait des des guerres chéz les Ames. Mais ce que tu dis, que ce ſont les Femmes qui les excitent ét ſe battent, a fait plaisamment apostropher la Comtesse par la Marquise: ›› Les plüs douces ici-bas, seront les plüs méchantes là-haut; Ainſi, je vous salue,

Madame

Madame la Génerale ».... Et depuis ce moment, elle ne l'appelle plus que la BONA-PARTE des Ames : Filète et moi nous sommes ses Adjudantes.

Tu passes ensuite aux Ames corporées, et tu nous instruis de ce qu'ont été celles qui vivent aujourdhui avec un certain éclat. Cela ne devrait pas les fâcher. Mais elles se fâcheraient, si elles le voyaient Nous garderons donc là-dessus un prudent silence. Je te remercîe, au nom de Toutes-quatre, de tes curieuses anecdotes. A demain, l'Homme desiré.

LVII.me LETTRE.

De mon Tombeau. 28 MArs.

Un des amusemens les plus agréables des Ames, c'est la chasse Les Monades decorporées prennent ce divertissement contre toutes les Monades d'Animaux féroces et non-domestiques; tels que le Lion, la Tigre, le Léopard, le Goulu, l'Hyène, le crocodil, le serpent, le Loup, etc°.

Pour me faire voir la chasse au Lion, une Monade qui avait passé par tous les

I Volume. K

états, ét qu'Yfflasie, avec son Clarendon me firent reconnaître pour celle de CRE-BILLON père ; cette Monade (disais-je), offrit de me conduire en Afrique. Les deux Amantes voulurent être du voyage, parceque c'était le soir ici, ét que les chèvres-monades étaient à reposer. Nous y fumes en un instant... Nous trouvames les Monades Nègres rassemblées autour d'un Lion monade, qui montrait dents ét ongles. Mais comme les Ames humaines ont un degré de finesse supérieure aux Ames Lionnes, les 1res devaient triompher. Ce qui nous étonna, ce fut de voir une petite Ame ou Monade mulâtre, que l'on nous dit s'appeler *Miléunefolies*, ét que les Nègres s'étaient associée, parcequ'elle descendait originairement de leur Nation ; ce fut (disais-je), de voir cette Monade naine, accolée à celle du Petit Poinsinet, dit l'*Invisible*, députées toutes-deux par la Troupe des chasseresses, pour agacer le Lion. Les deux Naines, qui ne voyaient aucunes Monades plus petites qu'elles, si ce n'est celle de *Bébé*, s'avancèrent *sans doutance*, ét tirèrent au superbe animal-monade leurs petites flèchotes, grosses comme des camions. Elles ne firent que chatouiller la monade-lion, laquelle loin de se mettre en colère, y paraissait prendre plaisir. Miléunefolies, qui la crut poltrone, s'avança témérairement jusqu'à portée de la pate incorporelle; qui saisit la naine monade, et la tint collée contre terre, sans lui faire d'autre mal, que de la comprimer un-peu; ce qui fit rendre à la Naine, une *Capucinade*, deux *Ainsivalemonde*, deux *Lucètes*, des *Astucesdeparis*, et un demi-cent d'*Anecdotesdesarts*, qui n'étaient pas digérées. Elle tremblait de toute sa monade. Elle criait cependant de toute sa faiblesse, ,, A l'aîde!. Au secours!... On m'assassine ,,! Peut-on laisser périr ainsi la monade d'un homme célèbre, qui a fait MILÉUNEFOLIES écrites, sans compter celles qui ne le sont pas,,?... Laissons-le dans cette situation jusqu'à demain.

REPONSE A LA LVII.me LETTRN.
14 Avril.

Nous présumons que la chasse des Ames sera plaisante! Mais il y a de l'inhumanité à laisser pendant 24 heures ce pauvre Miléunefolies dans sa position gênante! Il faut, mon Ami, que tu ne l'aimes pas? Pour moi, qui n'ai jamais rien lu de lui, je ne l'aime, ni le hais; je fais feulement que de plûs de 20 Ouvrages publiés sous son nom, il n'en a fait qu'un, qui est toujours sa *Luccete*, publiée sous 3 titres différens: Ainfi ce Nain, de son vivant, fut sans imagination, ét n'eût pas plûs de génie que les singes ét les Nègres, auxquels ils s'apparie, depuis qu'il est décorporé. Les autres Ouvrages lui ont été donnés par d'imbéciles Auteurs, rendus tels par la morgue et la présomption déraisonnable. Mad. DeBeauchamois prétend que ce n'est pas un Auteur, mais un petit Plagiaire, ét qu'il est bien vrai qu'il a fait imprimer sous son nom une foule d'Ouvrages, que leurs véritables Auteurs, trop modestes, ont livrés à son effronterie; après néanmoins les avoir souillés de sa bave sotifiante. On assure qu'il ne comprenait souvent pas ce qu'il corrigeait. Le bon-

homme *Marchand* le censeur étant devenu imbécile, s'avisa, dans son affaiblissement, de donner ses derniérs Ouvrages, qu'il n'entendait plus, à faire imprimer à Miléunefolies : Celui-ci, qui ne connaissait ni les usages, ni le langage du monde, y_comprit encore moins : De-sorte qu'il supprima, comme fautes, les expressions des arts, ét celles en usage dans le monde : Miléunefolies mettait constamment une platitude, aulieu de ces expressions tec'niques. Mais il fit pis encore : Le bon *Marchand*, commençant à radoter, voulut critiquer le genre du Drame. Mais il n'employa plus cette légèreté qui fait le mérite de son ingénieuse *Requête du Curé de Fontenoi*, qui mérita d'être attribuée à VOLTAIRE : Il joua sur le mot, ét donna pour tître à son DRAME, la phrase platement équivoque, *Le Vidangeur-sensible*. *Sensible* signifit-là, qui *sent fort-mauvais*.....
Miléunefolies prit ce tître au sens raisonable, faute d'entendre la plaisanterie de l'Auteur. D'après cette naïveté, le voilà qui s'évertue à rendre bién-sensible au moral son Vidangeur sensible au physiq;

son Camarade *Poinſinèt*, mystifié par *Palissot*, ne le fut jamais ſi complètement, que le petit Mulâtre imbécile se mystifia lui-même en cette occasion : Il changea toute la pièce, pour rendre son ſale Vidangeur bién proprement ſenſible, bién sérieusement tendre! Jugéz du galimathias, quand il arrivait au Bout-d'homme, soit par paresse, ou par inconnaissance, de laisser des couplets entiérs de *Marchand!* C'était du comico-sério-burleſque inintelligible... On ne croirait pas une pareille ineptie, ſi la pièce n'envelopait encore les petits-pâtés de *Leſage* vis-à-vis *Harcourt*... C'est ce qui en a procuré un Exemplaire à *Carmontel*, qui me l'a prêté. On lisait dans la préface, que le vieux Marchand, en radotance, ravi de changemens qui ne donnaient à son Ouvrage un faux air raisonable, que pour le rendre encore plus sot, avait embrassé Miléunefolies avec transport! C'est que, par un retour machinal à son ancién bongoût, le Vieillard en enfance, avait cru que le petit Bout-d'homme avait ſenti la pitoyable application du mot *ſenſible*, ét qu'il avait voulu en faire disparaître jusqu'à l'idée... Il lui fesait trop d'honneur. Mais le Vieillard était en enfance, et Miléunefois demeurait alors rue *Béthysi*.

Je n'ai jamais écrit une Lettre si bête.

LVIII. LETTRE.

De mon Tombeau. 29 MARS.

MILÉUNEFOLIES fesait des grimaces horribles, sous la griffe du LION-MONADE. *Poinsinèt* l'invisible, qu'elles fesaient rire, s'approcha, pour le voir de plüs près, ét paff! il est aggripé par l'autre patte de la MONADE-LIONNE. Il fut encore plüs pressuré que son Camarade, ét on le vit dégorger de la présomption, mêlée de crédulité, de sotise, ét de quelqu'esprit.

Tandis qu'ils étaient dans cette situation gênante, parut *Du-Rosói*, qui venait d'être décorporé, dans le temps qu'il était éperdûment ammoureux d'une Noire amenée d'Afrique, par un Capitaine-Nègrier qui la lui avait vendue, pour 25 Exemplaires du Poëme des *Sens*, en 6 Chants, 25 de *Cécile*, ét l'édition entière de *Clèrval-philosophe*. Il avait perdu sa jolie

Noire, par la jalousie de son petit Trognon de Femme Mlle *Dumai*, qui l'avait empoîsonée ; et aussitôt après sa décapitation, il était accouru en Afrique, pour y retrouver l'âme de cette chère Noire, imaginant bien que c'était-là qu'elle était retournée... Il vit les deux petites monades dans leur ridicule, ou risible situation. Il se remplit les deux joues comme deux ballons, et s'avança près de la monade-lione, qui feignait de pas voir la petite monade boursoufflée ; ,, Comment ês-tu morte ? (dit-elle à Miléunefolies ? ,, O Martyre du Royalisme! répondit Progrés du libertinage (c'est encore son nom), tâchez de me délivrer!..... Je suis mort... d'un coup-de-pié... dans l'anus... du Libraire Maisonneuve, qui me mit à la porte de chez lui, parceque j'avais eü l'insolence de erttem al'niam ruſ al egrog ed as etitep Emmeſ... C'est que mon Tueur était Arabe, et mon action un-peu arabesque ,,. Durant ce colloque avec Progrèsdulibertinage, *Dúrosoi* s'était innocemment mise à-portée de la griffe de la monade lionne, qui, dès qu'elle s'en aperçut, la voulut hâper. Le Poëte aux 6 Sens était encore si gonflé du reste de sa bouffissure, causée par les 40 Représentations de son mauvais *Henri-*IV, que la patte ayant donné à-faux, il bondit comme un balion, alant à la rechute presqu'aussi haut qu'au 1er choc, ét ainsi de-suite une dixaine de fois : ce qui fit rire aux larmes toutes les Monades Nègres.

Pendant qu'on riait, un autre Homme, non moins célèbre, ét non-moins avantageux que DuRosoi, s'avançait armé d'une épée de bois, dont l'avait chevaliérisé certain Épigrammatiste, appelé *Masson-Morvilliérs* : C'était le Défigureur des *Métamorphoses* du charmant *Ovide*, que pourchassait avec le fouet du ridicule le jeune *LaReynière*. Jamais On n'a fui aussi insolemment. Métamorphosimane portait la tête haute, ét projetait partout ses regards assurés. Sa Monade se trouva enfin à la portée de la Monade Lionne, qui la pressa sous la même griffe que Progrèsdulibertinage, ou Miléunefolies. L'avantageuse Monade comprimée, *ventcoulisa*, dit-on, de la vanité si puante, qu'elle infecta la Monade Lionne, à tel point, qu'elle éternua 3 fois;.. Laissons-là le Petit Niais de Sologne avec les 2 Autres jusqu'à demain.

Reponse a la LVIII. Lettre.

15 Avril.

Hah! vous attaquez les Auteurs, Mr De-Fontlhète! Je vous passe Miléunefolies - Progrès du libertinge - Vidangeur sensible, qui n'est pas fort à craindre; un *Invisible*, avant même qu'il se fût noyé ivre dans un Ruisseau, en alant à Cadix avec une Troupe de Comédiéns; je vous passe DuRosoi, mort longtemps avant qu'il eût cessé de vivre ét d'écrire: Mais ôser vous adresser au Niais de Sologne, 1ᵉʳ volume de Brunet-Montansiér! le profligateur sousbreteuilliste du pauvre Manchot La-Reynière! c'êst vous trop exposer... Et peutêtre en verrons-nous d'Autres encore... Mais gâre à vous! ét ne vous donnéz pas au Diable, pour être tourmenté!....
Et Miléunefolies lui-même n'a-t-il pas donné un exemple de son effronterie stupide à se venger? Il en voulait au Spec-

TATEUR-NOCTURNE, qui l'avait quelquefois peint au naturel: Comment croyézvous qu'il s'y prit? Il s'imagina qu'un de ses gestes était le plus sûr moyen de deshonorer le HIBOU, en le lui attribuant. Il avait cédé sa Femme à un Patrocin, lequel en avait été amoureux, lorsqu'elle était fille; Celui-ci l'habilla: mais l'ayant trouvée gâtée, il la paſſa, toute parée, à un Arpenteur, qui la goûta; c'était une monnaie courante, mais décriée, qu'On ne voulait pas garder. Miléune imagina que sa vilaine histoire était plus propre que toute autre, à deshonorer le SPECTATEUR; il la lui prêta, dans une de ses Rapſodies. Le SPECTATEUR fut très-étonné de cette maladroite impudence! Cependant il ne s'en fâcha pas: Il se contenta de rendre, dans un des Volumes ſuivans du SPECTATEUR, l'anecdote à qui elle appatenait. Que va faire Mileune, à cette restitution méritée? Il court chéz *Vidaut-de-la-Tour*, alors magistrat de la Librairie, et lui porte sa plainte de la restitution faite par le SPECTATᵣ: Le Magistrat fit écrire à ce Derniér; qui pour se justifier, n'eût qu'à porter la Rapsodie, ét son propre Ouvrage. Il montra le passage de la Rapsodie, où il était designé ; puis sa Réponse, commandée par l'honneur, dans un Vol. du SPECTATEUR-NOCTURNE ; il offrit un mémoire, à l'appui des faits ; il nomma tous les Acteurs de la cession : ét cita les Témoins. Le Magistrat convaincu, même sans mémoire, répondit, QUE LE PLAIGNANT REVIÉNNE, ET JE LUI LAVERAI LA TÊTE. Ainsi, vous voyéz que si Miléune a pu hasarder cet impudent acte de vengeance, le Niais de Sologne, encore plus effronté peut ôser bien davantage, ét avec plus d'adresse !... Ne savéz-vous pas avec quel modeste desinteressement il a provoqué l'exil ne ce pauvre LaReynière, pour un mémoire où il se croyait vilipendé ? L'Exilé est encore à Blamont, ou Domévre-l'Abbaye, où il s'ennuie',... Dieu sait comme !... Voyéz les LETTRES qu'il écrivait au SPECTATEUR, ét qui sont toutes imprimées à la fin des 4 dernic^{rs} Vol.^{mes} des CONTEMPORAINES, ét du 5.me du DRAME DE LA VIE. Soyéz donc sage ét prudent à-l'avenir, si vous le pouvéz, M^r De-Fontlhète.

LIX.ᵐᵉ LETTRE.

30 Mars.   D. m. T.

MÉTAMORPHOSIGRAPHE fesait une triste grimace, lorsqu'on vit arriver à-la-fois de 4 côté différens, *Fardeau*, Chevaliér *Ducoudrai*, le chevaliér *De-Móüy*, ét *Eurydicographe*. ʺMes Amis! mes bons Amis! (beûgla FARDEAU); les Amis de nos Amis que voila dans la peine, sous les griffes de ce Monstre! 4 HOMMES d'un mérite... égal au mién... (C'est que DuRosoi, après avoir bondi quelque-temps, à-cause de sa boufflſſure, était venu se ranger aſſéz naturellement, à-côté de feu Poinſinēt). A ces mots, Stentoriquement articulés, Ducoudrai recula, Moüî trébucha, ét Eurydicographe voulut chanter quelques vérs d'ORPHÉE, pour charmer la MONADE-LIONE, qui lui rugit: ʺChante sans parolesʺ!

Fardeau cependant tâchait de ranimer leur courage: Il les pouſſait devant LUI par l'impulſion de sa lourde maſſe incorporelle. Eurydicographe fut avalé sans mâcher, comme une HUÎTRE. Ducoudrai plus coriace, fut mâchoté. Fardeau fit aumoins dix bouchées, pour s'exprimer à notre manière. Mais Moüi étouffé seulement, fut indévorable... Ainsi perirent quatre Monades héroïques, qui, étouffées ou devorées par une Monade-Lione, dans une atmosphère étrangère, se virent obligées toutes-4 d'y reprendre des corps, et d'animer, hélas! 4 Embryons de Boshis, espèce de Hottentots, qui n'ont de plus que les singes, que la faculté d'exprimer par la parole, une douzaine d'idées simples. dans une langue, qui n'a guère plus de mots...

Quant aux 4 Retenns sous les deux griffes, ils furent delivrés par les Nègres; la Monade-Lione n'ayant plus faim, céda volontiers la place, et s'en fut digerer dans son antre. Mais ils n'alèrent pas loin. Une Hyène cria comme une petite fille; Miléunefolies y courut, et fut hâpé, dechiré, avalé: Un caïman du Senegal croqua Poinsinët: Une Panthère partagea DuRosoi à ses petits; et Métamorphosigraphe ayant molesté un Pongo avec son épée de bois, le gros singe l'assoma d'un coup de bâton: ,,Hâ! (s'écria-t-il, en se sentant forcé de se rencorporer), c'est bién-là mourir en POÉTE ,,!... Tous-4 prirent donc des corps dans le pays: DuRosoi anima un fœtus de Negrisse femelle, ét sera un-jour ABELERÉ, ou FILLE-publique nègre, vouée par une Reine devote mourante au libertinage des Hommes: Metamorphosigraphe fut une jolie Jaggasse, destinée à satisfaire, à l'issue d'un combat, tous les Soldats qui se feraient distingués, fussent-ils mille, ét dût-elle perir au 1er cent: Miléunefolies se logea dans un fœtus procréé par l'union monstrueuse d'une Nègresse avec un singe-PONGO, le même qui venait d'assommer Metamorphosigraphe; la GUENU-che metisse que sa MONADE sera un-jour, ira, par goût, s'amalgamer à la RACE des singes. dont elle préferera l'amour à celui des Hommes. Quand on lui parlera de sa degradation, elle repondra, Qu'elle n'en est pas fâchée, attendu qu'elle a l'esperance, que decorporée, elle sera ACTRICE ou ACTEUR...Il ne faut pas disputer des goûts: Miléunefolies a toujours aimé le Théatre, ét l'on assure, que non seulement il a joué à Lyon, mais qu'il y a composé une Pièce, donnée comme du finge du Directeur, en qualité duquel finge, vu sa laideur, sa petitesse ét son teint basané-ridé, il fut présenté au Public, par l'Acteur Nainville. La vraifemblance le fit croire par le Peuple Lyonais un Orang-Outang de beaucoup de merite ét d'esprit.

REPONSE A LA LIX.me LETTR.

16 Avril.

Tu ne veux donc pas te corriger, chër Mari?... Soit. Mais si Métamorphosigraphe te fait exiler, ne t'en prens qu'à ton entêtement. ,, MOLIÈRE quelquefois ,, confultait sa Servante ,,. Et sans-doute il l'écoutait. J'espère que tu écouteras ta Femme, quand tu l'auras entendue... Aureste, Fardeau, Ducoudrai, ét De-Moüi, que nous avons entrevus dans le monde, nous ont bién mieux amusées en monades, qu'en corporalité!... Tu donnes à Tous-huit une bién triste destinée! en mettant dans des Fœtus de *Boshis* les quatre 1ers! N'est-ce pas cette pauvre

Espèce d'Homes, du genre des *Albinôs*, qui, dit-on, a pour jambe un os poilu, sec come un bâton rond, enmanché dans une planche telles que celles propres à pouſſer les boues dans les degels: d'où les Hollandais du Cap les appèlent, *Hommes-à-pieds-de-planche*... Ils avaient cru, lors de leur établissement dans cette Colonie, que c'était une des nombreuses variétés du ſinge: mais s'étant biéntôt aperçus que ces Brutes avaient un langage, composé de l'infinitif de 12 à 15 verbes, exprimant autant d'actes, ou d'idées, ils se virent obliges de les ranger dans la clâſſe des Hommes. Il paraît que cette Espèce, qui est une des primitives non améliorées par le mêlange, ét qui n'a ſubſiſté que dans un PAYS, où notre Race plüs parfaite n'avait pas encore pénetré, tiént le milieu entre le ſinge ét l'Homme. Elle paraît surtout la nuance entre l'*Albinôs* d'Afrique, que Buffon a ſi mal connu; celui d'Amérique, dont il ne paraît pas qu'il ait entendu parler, ét le *Pesserays* de Coock, sorte d'Animal qui semble n'avoir qu'un cri plaintif sans-cesse repeté, ét qui habite un PAYS rude, où notre Espèce inquiète, remuante, se soucie peu de se fixer. Les Lapons doivent avoir pour ancêtres des Hommes d'une race moins imparfaite que les Bôchis (comme il faut prononcer en français ; car le mot *Boshis* est orthographié à l'Anglaise.

Nous avons fait cette dissertation à nous quatre, aîdées du Comte *Arconati*, cet Italien voyageur qui est venu voir la Comtesse comme en passant, en revenant de Laponie, ét alant aux Grandes-Indes... Nous avons vu aussi m. Arthaud de-Bellevue, qui n'est pas cet Arthaud-Gazète-à-la-main, le nôtre est un puits-de-science : Il parle beaucoup ; mais il parle bién. Nous lui avons fait part de tes idées. Hô ! il les trouve admirables ! Il s'est passionné pour toi, ét tes Lettres sur l'autre Monde se sont emparées de toute la tendresse qu'il avait conçue pour un autre Ouvrage, intitulé, L'Enclos et les Oiseaux, lequel est d'une originalité... comme la tiénne...

Voila, mon Ami une longue Lettre ! ét plûtôt une Lettre, qu'une Réponse.

LX.ᵐᵉ LETTRE.

31 mars. *D. m. T.*

En vérité, ma chère Femme, je ne sais

de quoi je me suis avisé, dans mes dernières Lettres, de vous parler des hideuses métamorphoses de Gens sans mérite, de vraies Nullités !... Mais puisque j'ai commencé, il faut achever; car je ne suis pas fâché d'en avoir débarrassé le Monde. Je vais néanmoins encore faire quelques *justices* aujourdhui. Vous aimez assez la litterature, pour connaître ces Vautours, qu'on nomme les JOURNALISTES ? Il faut que je vous dise quel doit être leur sort, dans la vie décorporée.

Toutes les Ames sont égales sur la calote atmospherique, sejour des Décorporées, HOMMES, FEMMES, ou BÊTES, même celles des ASSASSINS, HOMMES, LIONS, TIGRES, LOUPS, JUGES REVOLUTIONNAIRES, PARLEMENTAIRES, etc.[a], qui n'ont tué que les corps, sans faire languir l'âme. Mais il est làhaut une punition terrible, pour ces Infames qui voudraient tuer le GÉNIE, qui le dénigrent, le contristent, ou l'engluent sciemment. *Fréron*, au moment de sa mort corporelle, aulieu de jouir comme Yfflasie et Clarendon, de la douce enfance des AMES, fut condamnée... au metiér, dont la denomination est si vile; si basse, que je la crois indigne d'être lue par les beaux yeux d'Hortenfe... Si les Ames mangent (ét cela est prouvé pour nous), elles font le contraire de manger : Or rién n'est au dessous de leurs excrémens; puisque c'est le vice, le menfonge, la calomnie, le perfifflage, la médisance perfide, toute espèce de malice, dont elles se déchargent. Hé-bién, Freron est chargé de nétoyer tout-cela, ét de le porter au fleuve de vérité, dans lequel il est obligé de purifier toutes les chaises-percée des Ames de Paris...

Labaumelle est péniblement affecté à déterger les dissenteries de mauvaises humeurs qu'une bile trop âcre occasionne à Voltaire: Labaumelle, ni Freron n'ont de vases expurgatifs que leur bouche; les humeurs des Ames ne peuvent être contenues que par une fubstance incorporelle... Je laisse à penfer comment Freron nétoie le Paris atmospherique, ét Labaumelle la chaise percée du bilieux Voltaire... *Clement* doit fucceder à Labaumelle : Le pédant *Aubert* et *Duffieux* remplaceront un-jour Freron. Ils auront pour valets *Sautereau* avec *Pelletiér*, ét pour valets des Valets, *Thiriot*,

Lacroix abbé, *Geoffroi*, exjesuite, *Royoux*, beaufrère de Freron, et d'autres Monades de cet acabit. Quant à *Querlon*, Quelqu'une des Monades philosophes, nous assura qu'elle servait de Baudète à Montesquieu, et qu'elle paissait journellement avec l'Anesse que *Merciér*, au rapport de *Tebog*, a la naïveté d'avouer pour sa maîtresse d'Astronomie. Querlon est ânesse, on le sait par une Épigramme de Fardeau, pour avoir attaqué, en sot caffard, l'ESPRIT DES LOIX... Ce Querlon avait pour acolyte, un Imbecile appelé *Naû*, dont le principal Ouvrage était les *Fables* de Lafontaine en Chansons. Il avait la commission de piquer l'Anesse de Montesquieu, pour la faire avancer, lorsqu'elle n'alait pas...

Imbert et *Ladixmerie* étaient chargés de mettre en bouteilles le vinaigre spiritueux des Quatre-voleurs de Mâille, qui leur donnait une soupe à la Rumfort.

REPONSE A LA LX.me LETTRE.

17 Avril.

LE mal se gâgne. Il me prend envie de médire aussi, d'après les anecdotes que m'apprénnent mes Amies sur tes Perſonages. Freron ne critiquait Voltaire, que pour avoir de l'Archevêque *Beaumont des bôns* de mille écus. Il venait, après un article virulent (c'était son expression indécente), contre Voltaire ou Marmontel, dîner à l'Archevêché ; il chambrait le bonhomme, exposait ses besoins, et le refus génereux de se laisser payer par les Philosophes (qui ne lui offraient que des coups de bâton). Puis il demandait... un *bôn?*... ,, C'est pour quelques dettes criardes et très-pressées... ,, Alons, mille écus ! (disait le bonace Beaumont). ,, Monſeign.r ! (ſuppliait Freron), le Libraire Edme-Rapenòt m'a endossé des billets-de-confiance pour 4000 francs ! ,, Hé-bién 4000 f.s donc (conſentait le Prélat). Et le Secrétaire pestant contre l'Escroq, écrivait 4000 *livres.* Quant à Querlòn, il était si paresseux, si musard, qu'il perdait tout son temps à lire des bouquins qui ne contiénnent que des idées fauſſes, de vieux préjugés; sa Femme était obligée de le battre, pour le faire travailler; en le ſecouant, elle lui criait: ,, A ton cabinet, chién de flâneur,, ! Sans cette harangue Maubertine, le

Bouquiniér Querlòn laissait faire toute le besogne de ses *Petites-Affiches* de Province à ses Goujats payés, de-forte qu'il ne lui restait prefque rién pour lui. Ladixmerie alait chéz un Imprimeur de Paris, dont la Femme négligeait l'eau : C'est d'elle ét lui, dont est le trait : ,,Hâ ! je me damne, Monſieur, en vous cédant ! ,, Et moi, je me fauve, Madame,,! (répondit Ladixmerie en fuyant). D'Autres prétendent qu'il répondit au mot: ,,Hâ ! je me damne,,! ,, Je le crois ! Madame ! vous n'êtes pas batifée : Et moi, je me fauve,,!... Mais un trait infame de lui, c'est qu'il y eüt enfuite, dans cette maison, une Fille de 15 à 16 ans, qu'il trouva feule un-jour : fans chercher à la féduire, il voulut profiter de son innocence, pour la poſséder. La Jeuneperfone fe deffendit en Enfant, ét dut son falut à la nature... Au retour de fon Père, veuf alors, elle fe plaignit à lui. L'imbécile V··· l'aîné en parla furlechamp à Ladixmerie, qui répondit en ricannant: ,,La belle chose pour faire tant de bruit!,,

On dit qu'Un de Ceux que tu as nommés, avait éponſé une Femme-entretenue, ét qu'il s'en est fervi pour faire fortune.....

Ma Filette me gronde de medire ainfi.

LXI.me LETTRE.

D. m. T.   1. Avril.

Vous favez, ma chère Femme, que j'ai été honteux de mes dernières Lettres. Je vais traiter dans celle-ci une matière un peu plus relevée. Yffasie ét Clarerendon s'étaient permis de fuivre la Pucelle dans fa nouvelle encorporation.

Elle était née de la jeune Épouse d'un Ministre protestant, pendant que les deux Amantes avaient fucceffivement paffé de la garde des desirs-chèvres, à celle des desirs-anes; puis à celle des desirs-chevaux, qui est le *nec plus ultrà*, fous notre degré de latitude... Ils avaient été dispenfés de paître les desirs-cochons; l'on avait donné cet emploi à Ladixmerie, ét à fon Amante l'Aquifuge, la V···-Gissei.

Dans leur nouvel emploi de chevalières, Yffasie ét Clarendon avaient bien du temps de reste! Elles ont employé leur loisir à m'instruire, sans négliger l'obfervation des Monades nouvellement recorporées, auxquelles elles s'intéressaient. *Jeanne-Darq* attira furtout leur attention. Elle mourut presqu'en naissant, vu que

fe

sa jeune Mère s'était blessée, par son trop d'ardeur à rechercher les plaisirs du mariage. Jeanne dégagée (elle avait porté le nom d'*Æmilie*, durant les 3 jours de sa revie encorporée), ne pouvait rester âme pure, suivant les lois ordinaires, qu'un temps proportionné à celui qu'elle avait animé un corps : c'est la loi rigoureuse pour tous les Enfans morts avant l'usage de raison. Ysflasie ét Clarendon la revirent parmi les Ames avec plaisir. Mais elle ne devait y rester que 9 mois ét trois jours. Elles se plûrent, durant ce court intervale, à rappeler à cette grande Ame son antique vaillance, qu'elle avait parfaitement oubliée, par sa courte encorporation ; elle n'avait plus auqu'une idée de la gloire dont elle s'était autrefois couverte... Mais biéntôt arriva le moment, où Æmilie devait reprendre un corps. Ici, la fortune la favorisa : Elle anima le Fœtus de *Madame*, fille unique de Louis-XVI, alors monarque, depuis... Ysflasie ét Clarendon furent ravies de cette chance heureuse ! car elles espéraient que la Princesse ayant l'âme belle, forte, génereuse, elle ferait un jour honneur à l'Humaine-Espece.

Elles suivirent auſſi la 2de carrière de Louis-XIV-Pierrot, qui fut asséz heureuse. Il garda le nom de *Louis*, par une ſorte d'instinct, ét se fit crocheteur, rue Saintjacques, à la porte de Saintyves, coin de la rue-des-Noyérs. Il était trapu, fort, ét joli garſon. Il y avait, dans les environs, une belle Fille, blanchisseuse en linge fin, en bas-de-ſoie, ét repasseuse, laquelle gâgnait joliment... Elle était ſi bién faite, ſi bién apprise, ſi propre, qu'un Merciér la demandait en mariage. Mais elle avait vu Louis le crocheteur, ét son tendre cœur ſoupirait après l'hommage de ce beau Garſon.

Reponse a la LXI.me Lettre.
18 Avril.

Madame aura une belle âme ſans-doute, ſi elle a celle de Jeanne-d'Arq, qui joignait la plüs adorable naïveté de Jeune-fille, à la force, au courage mâles, ét à la pureté du cœur.

Le fort de Louis-XIV (Louis-Pierrot), nousa d'autant plüs intereſſées, que 3 d'entre nous l'ont vu près Saintyves, ainſi que ſa Maîtresse. C'est toi qui nous les fit remarquer, à la Comtesse ét à moi. Mad. DE-Beauchamois se rappela, qu'un-jour Louis avait préservé son Cochér d'un accroc qui l'eût renversé de sur son siége. Pour Filette, elle l'a vu plusieurs-fois chéz sa Sœur l'Imagère, où il était employé, ét c'est avec la plus grande surprise, qu' elle lui voyait une Maîtresse jolie ét bién-élevée... Voici des vërs que t'a faits la Comtesse, sur ce que je lui dis un de ces jours, que c'etait ta fête. Or tu appelles ta fête, le jour de ta naissance. Elle me les a donnés aujourdhui :

Couplêts à m. De-Fontlhète, pour sa fête.

Air : *Du serin qui te fait envie.*

J'ai laissé passer votre fête ;
Et j'en ai vraiment du chagrin !
Un tel oubli n'est point honnête ;
Mais je m'affligerais envain...
Entre nous, il serait peu sage
De me livrer à la douleur ;
On peut se moquer de l'Usage,
Lorsque pour guide on a son coeur.

Si je viens après la huitaine,
Vous faire aussi mon compliment ;
C'est un-peu tard ; mais je suis certaine
De vous fêter par sentiment :
L'Usage est triste, et je le brave (
Mes Torts ont beau sembler reëls,
Je veux celebrer votre Octave,
Comme l'On fait aux Immortels......

LXII.me LETTRE.

D. m. T. 2 Avril.

LE Merciér était surpris, qu'Une Ouvrière delicate, jolie, refusât Un Homme en boutique, ét bién établi! La Belle passait souvent devant Saintyves. Louis la saluait, ét *Rôse-Néris* lui souriait. Enfin ils se parlèrent. Louis gâgnait aumoins ses 6 francs par jour, ét quelquefois 12 : Il fit l'amour en parlant de son gaîn, en racontant, comme il portait lestement de pesans fardeaux!... C'était ainsi que jadis il racontait ses victoires à La-Vallière, à Fontanges, à la fière Montespan, à la décente D'Aubigné. *Rôse* écoutait avec autant d'admiration les vigoureux faits de Louis le crocheteur, que les Belles du XVII.me siècle en marquaient pour les victoires de Louis le Monarque. Enfin, il fut convenu entr'eux, que Louis-Pierrot déposerait son gain entre les mains de Rose, jusqu'à ce qu'il eût 1500 francs, époque à laquelle se ferait le mariage.

Le Merciér, qui vit la familiarité établie entre sa Future desirée, ét un Crocheteur, ne savait qu'en penser! Il se

figura qu'ils étaient parens, peutêtre frère
ét fœur. Il s'en expliqua ?... Rose lui
dit tout-bonnement la vérité, auſſi glo-
rieuſe de ſon ſort, que ſi elle avait connu
ſon Amant, pour avoir été le puiſſant
Deſpote, qui avait fait trembler tous ſes
Voiſins, c'est-à-dire l'Europe entière.

Vous voyéz, ma belle Hortenſe, qu'il
est des Genſ destinés à être heureux, dans
quelqu'état qu'ils tombent... Louis-XIV
fut heureux étant ROI, ét le voici heureux
encore dans l'état de crocheteur. Il est
toujours né coîfé, tandis que d'Autres,
avec tous les avantages de la fortune ét
la nature, ſe noient dans une ornière.

REPONSE A LA LXII.me LETTRE.
19 Avril.

OUI, Louis-XIV est auſſi heureux aujourdhui, que lorsqu'il était ROI : Il n'a
pas certains grands plaiſirs ; mais auſſi n'a-
t-il par les grandes peines... Cela me ra-
pelle l'histoire de ce Duc, veuſ, à 25 ans,
d'une belle Dame, qu'il avait adorée, ét
qu'enſuite il n'avait trouvée rien moins
qu'aimable. Il crut que c'était la faute

des Êtres de sa condition. Un-jour, en se promenant à-pié, île *Saintlouis*, aujourdhui *de-la-Fraternité*, il aperçut Une Jeunefille ravissante, mise d'un goût exquis!... Il s'informa? C'était la sœur de la Femme d'Un M^d-de-vin-Traiteur, dans la partie occidentale de l'Ile, vis-à-vis la rue *Guillaume*. Il y ala plusieurs-fois, revit sa Maîtresse, ét en devint éperdûment amoureux. Il se dit Un Jeunehomme du commun, le fils de son Intendant, nommé *Ramond*, ét il demanda en mariage Mlle *Ysabelle-Descourtives*. On la lui accorda, dès qu'il se fut prononcé janseniste. Il l'épousa, du consentement de son Intendant, qui fut censé donner à son prétendu Fils, Une ferme, en Beauce, de 6 mille francs de revenu... Le Duc trouva dans la jeune Ysabelle une beauté complète; pas le plus petit defaut; Un charmant caractère; point de coquèterie; Un attachement tendre, inaltérable, qui avait toute l'aisance et la gaîté du dégagement. ,,Hâ! voila donc le bonheur! Il était là! Si mon Epouse était née dans l'état de ma 1.re Femme, nous serions audessus du sort... Il fut 3 ans dans cette delicieuse situation.

Un-jour, malgré ses précautions, il fut aperçu, à la promenade autour de l'Ile, par Un des Parens de sa 1re Femme. On l'épia. L'On découvrit tout.... Grand bruit, dans la Famille, du faux mariage! Mais la crainte du scandale empêcha l'éclat... La vie du Duc fut empoisonnée, et un attentat termina sans-doute celle de son Ysabelle... Il en fut au-desespoir, ét co crime a fait le tourment du reste de ses jours.

LXIII.me LETTRE.

D. m. T.   3 Avril.

Qui fut bién étonné, à la réponse de Rose, ce dut être le Merciér?... Il fit des remontrances à la gentille Ouvrière..... Mais elle demeura invariable dans son inclination pour Louis-Pierrot.

En 18 mois les 1500 francs furent amassés, ét même audelà; puisque le beau Crocheteur (comme les Femmes de Libraire l'appelaient), avait encore 1500 fr. épargnés en secret, outre mille écus cidevant économisés : Il se présenta dans l'aisance, avec un joli appartement, froté par lui-même, de jolis meubles bién cirés, 2 glaſſes de 20 écus chaqu'une, Un feu en cuivre, etc^a. Ils furent également heureux, Rose ét lui : Jamais il ne fut de Mari meilleur que Louis-Pierrot.

Au-bout de 2 ans de mariage, je l'avais rencontré, déja père de 2 Enfans : Il paſſait rue *des-Noyérs*, tenant le bras de ſa gentille Compagne, qui portait dans les ſiéns le derniér Gage de leur amour. Je fus reellement touché de leur bonne Union. Hô! comme je me felicitai de la connaiſſance d'Yfflaſie ét Clarendon, qui me feſaient vivre avec tous les Héros ét les Héroïnes du ſiècle paſſé ; car Rose avait été *Anne-d'Autriche*, fille de *Philippe-III*, Roi d'Espagne, qui avait enfin ſon Mari à elle ſeule !... Le Sort est quelquefois juste. Mais laiſſons Louis-Pierrot jouir d'un bonheur, qu'il n'avait pu trouver ſur le trône, ét jetons un coup-d'œil ſur Monſeigneur ſon Fils, plus âgé que lui, dans cette nouvelle vie; parcequ'il était mort plutôt, ét qu'il avait dû renaître plutôt aussi : Il était rené plusieurs années auparavant. Le Grand-Dauphin est-à-présent M^tre-Toneliér, ruë *du-Plâtre*; il a épouſé Une aſſéz jolie Femme : Mais l'Ex-

Daufin était Un ſi groſſiér Manant, journellement attelé à la charrète, qu'il en a été longtemps méprisé. Elle le regardait comme Un Rustre; surtout quand elle le voyait, un dos de vache en tabliér, descendre, à-l'aîde d'un câble des tonneaux de vin dans les caves. Il me prit envie l'autre-jour d'aborder cette Femme, qui est encore coquette: ét de lui dire, à l'oreille: „Madame *Brion*? ſavéz-vous que M. votre Mari ſort d'Un ſang illustre, dumoins d'une certaine manière-?... Elle me regarda, ſourit, rougit, ét me dit: Qu'elle ne s'était pas attiré cette plaiſanterie. Je lui repondis par ce que je ſavais à ſon ſujet. „Toujours des folies agréables, Monſieur De-Fontlhète!..... Comme vous êtes gai, depuis votre mariage!... Puiſſiéz-vous l'être toujours-!... Ce mot m'a rendu ſérieux. Cependant j'ajoutai: „Voulez-vous ſavoir ce que vous étiéz, vous? „Hô-non! vous me diriéz quelque drôlerie! „Comment Une drôlerie? „Hô! je m'entens. „Hé-bién, vous étiéz... *Yſabelle-de-Bavière*, épouse du Grand-Daufin, aujourdhui votre mari pour la 2de.-fois. Il vous a choisie-lui-même, dans cette vie-ci, ét vous lui avéz bién rendu ses dédains.... Est-ce là Une drôlerie? ʺNon... Plûtàdieu que ça fût, ét l'avoir ſu plûtôt!... que j'eüſſe été heureuſe!... Je crois qu'il n'y a rién au monde de ſi puiſſant ſur l'âme de certaines Bellotes bourgeoiſes, que la vanité.

REPONSE A LA LXIII.ᵐᵉ LETTRE.

20 Avril.

JAMAIS auqu'une de tes Lettres, chër Mari, ne m'a fait autant de plaiſir que celle-ci, par Un mot qui s'y trouve. Ce mot est ſorti de la bouche de la Tonnelière... Je connais cette Dame Brion; elle a des Filles fort laides; Un Fils aſſéz joli garſon, ét Une petite Voiſine, appelée *Daſsès*, qui est bién. Elle a, pour amie Une Femme execrable, que je nomme *Monſtrine*, ét qui mérite ce nom horrible. Mais Ysabelle-de-Bavière s'est enfin brouillée avec cette Femme, qui avait été la fameuſe Magiciénne *Medée*... Tu ſais, bon Mari, quî je veux dire, Toi qui connais ſi bién *Nuitsdeparis*!... Mes 3 Amies ont paru étonnées au mot: ʺToujours des folies agréables, M.ʳ De-Fontlhête„!... que t'a dit Ysabelle. Je ne vois pas la raison de cet étonnement!

La conduite du Crocheteur Louis-xiv avec Rose, ou plütôt avec Anne-d'Autriche, fon antécedente Epouſe, tendrait encore à prouver, que les Ames conſervent beaucoup des inclinations qu'elles ont eües dans Une vie précedente, ou plüs éloignée... Ta ſcience est réellement Une conſolation pour Ceux qui l'ont. Ils voient à tout-moment l'ordre rétabli!.... Une chose que je voudrais encore ſavoir, ét que je ſaurais biéntôt, si j'avais commerce avec les Ames, ce ſerait quels ſont les Héros, dans les 2-ſexes, de tous nos Romans?... Car je ſuis perſuadée, que tous ſont l'hiſ‗toire, ou de l'Auteur, ou des Objets de ſon amour ét de ſon amitié; ou celle des Gens dont il croit avoir à ſe plaindre. Il ſerait curieux d'avoir les noms de tous ces Perſonages! On ſe dirait: „Voilà Tel qui m'a plu; Tel qui me cauſait tant d'horreur!... Rién ne contribuerait autant à la connaissance du cœur-humain.

Un mot à-preſent de nos affaires.....

L

LXIV.me LETTRE.

D. m. T.   4 Avril.

Convenéz, ma belle Hortenſe, que c'est une chose bien agréable que de pouvoir deviner ce que furent les Gens dans Une précedente vie! Pour moi, je repete cette exclamation, parceque l'idée m'en paraît toujours nouvelle. Avant de revenir à nos Amis, dont je vous ai parlé un-jour, et dont je dois vous dire le fort antécedant, je vais ici vous placer Un mot fur quelques Perfonages de l'autre siècle, et qui reparaissent dans celui-ci. Vous feréz peutêtre furprise que je vous entretiénne d'Une Marquise *de-Brinvilliérs!* (Il ne pouvait favoir qu'Hortenſe en avait parlé; ils fe rencontraient dans la même idée!) C'est Une de Celles qui ont le plûs excité ma curioſité, avec Mad. *Tiquët*. J'ai donc prié Yſſaſie et Clarendon de me découvrir ces 2 Femmes?... Elles ont eü quelque peine à téüſſir; parceque durant leur vie décorporée, elles fe cachaient, et fréquentaient peu les autres Ames. Cependant On a fu enfin pas l'Ame du Bourreau d'alors, qui n'était pas encore recorporée, ce qu'elles étaient de-devenues... Hô! quelle fut ma surprise et que c'est ici que l'On doit admirer, avec Un profond étonnement, la marche de la Nature!... Insensible à ce que les Hommes appèlent la *honte*, la *gloire*, le *crime*, ou la *vertu*; dès que la vie est écoulée, la Nature retablit l'égalité.. Elle punit le crîme, il est vrai; mais c'es toujours pendant la vie où il s'est commis. C'est Un autre Être que le Coupable, dès qu'il a subi la dissolution. Mais Une Ame experimentée nous fit observer, que les Ames des Criminels executés, passaient soujours dans Un Fœtus du sexe different de celui qu'ils avaient eû. Ainsi, Mad. Tiquët était passée dans Un Embryon qui est aujourdhui Un Homme vertueux, Un Philosophe sensible, quoiqn'un-peû singuliér, enfin Un Écrivain, qui a de la celebrité. Le nommerai-je?... Pourquoi non?... C'est... Mr Cazote, dont les productions annoncent tant d'originalité!.....

Quant à la Marquise-de-Brinvilliérs, elle a fait bien plûs, bienpîs, ou bien mieux, comme On voudra: Elle avait aussi animé

Un Fœtus mâle, né en Picardie, dans la suite pasfé à Rome, où l'on dit qu'il a eü des poux, et fait des miracles. Elle est remorte; On a écrit fa Vie, et elle est prefque canonisée... Ma belle Amie, mon incomparable Hortenfe ! profternéz-vous, et adoréz cette prétendue Providence, que les Hypocrites atteftent, que les Sots admettent fur parole, fur laquelle les Gens prudens ne comptent jamais, et dont le Philofophe fe moque; la Marquife de-Brinvilliérs viént d'être *Saint-Lâbre !*.......
O profondeur ! et ce que c'est que de nous !....

Je ne contredis cependant pas ici ce que j'avance dans d'autres Lettres, Qu'On fe fentait toujours de ce qu'On avait été. Au-contraire, MAD. Tiquèt-Cazote détéftait le mariage : et Brinvilliérs-Saintlâbre donnait de-préférence à fes FRÈRES les Pauvres les alimens, qu'il avait laiffé gâter dans fa besace... On tiént de ce qu'On fut.

REPONSE A LA LXIV.me LETTRE.

20 Avril.

HAH! que tu as bién fait, l'Ami, de

verifier par toi-même l'accusation de contradiction! Déja mes 2 Amies ouvraient la bouche. Ton anecdote fur CAZOTE et Saintlâbre, la leur a fermée. ,, Comme vous êtes promptes à critiquer! (leur a dit Filète, (en riant): Vous ne l'aimez donc pas? ,,Hô! si, si (a repondu la Marquise). Mais l'amitié n'empêche pas la critique... ,, N'empêche pas!... Faibles Amies! L'amitié divinise les defauts et les change en qualités. Le Perfiffleur est plaisant; le Méchant plein de pénetration et d'un goût exquisement fin; le Lourd et le Paresseux ont une aimable nonchalance, ou-bien Une infouciance delicieuse! Le Brutal est d'une vivacité qui anime tout ce qui l'entoure! Le Téméraire est brave et plein de courage! L'Imprudent est hardi; les Hardis feuls réüffiffent, et l'On cite 3 grands mots de latin! Le Diffimulé est prudent, reservé; le Fourbe est adroit; le Menteur inventif, plein d'imagination! Le Calomniateur est Un LION, qu'il est funefte d'avoir irrité! Le Médisant est Un Homme veridiq, qui ne peut flater! L'Ivrogne est Un *Anacréon*, et l'ivresse est en lui un état de naïveté gaie. Le Gourmand est, à table, Un appêtissant Convive ; il donne envie de manger! Le Luxurieux est Un Homme galant, qui adore les Femmes !... L'Amant langoureux n'est pas Un Ennuyeux ; c'est Une âme tendre et sensible!... L'Amant volage, est Un papillon leger, voltigeant sur les fleurs, qui se reprocherait d'en negliger Une! Le Joueur est fait pour la Société ; c'est Un Homme *essenciel*, et qui est bién reçu partout! L'Escroq est adroit au jeu comme Un Russe, et l'on a bién soin de sourire agreablement, en le disant! etc^a. Voila, Mesdames, comme parle l'Amitié.

Nous avons été toutes-trois surprises de cette chaleur, qu'a mise Filète à te defendre !... ,, Comment, ma Belle (lui a dit la Comtesse), aurait-il falu interprêter Une contradiction reelle, dans M. DE Fontlhète ? ,, Il a Une aimable variété, qu'il porte quelquefois jusqu'à l'inconsequence !... Il faut avoir bonne mémoire, avec lui, sans quoi l'On serait surprise à nier ce qu'il a reellement dit! ,, Fort-bién! fort-bién! (se sont recriées les 2 Dames): la Ressemblance de notre Amie est digne d'elle en tout, esprit et beauté, surtout par l'excellent cœur ». Voila, chër Mari, ce qui viént d'être dit fur ta Lettre. Je tâche, par ces recits, de nous rendre préfentes à tes ieux.

LXV.ᵐᵉ LETTRE.

De mon Tombeau. 5 Avril.

Vous me dîtes un-jour, ma chère Hortenfe, peu de temps avant mon depart, en converfant fur la même matière qui fait le fujet des LETTRES que je vous écris journellement, *Que vous voudriéz bién favoir ce qu' était* MERCIÉR, *dans fa dernière vie corporée ?*... Je m'en fuis informé cette nuit... Vous en douteriéz-vous ?... Je vous le donnerais en 50 ! Rién aujourdhui, dans fon caractère, n'annonce qu'il fut ce qu'On viént de m'apprendre ; si ce n'est cependant Un certain panchant à politiquer. Mais je ne me fuis jamais aperçu qu'il en eût à guerroyer ; encore moins qu'il fût enclin à la cruauté... Hé-bién, foyéz trèsétonnée !... Il était... non COLBERT, non le fage MONTAUSIÉR, non LETELLIÉR, non CHAMILLARD... il était... MAZARIN ! ... Ceci vous paraîtra Un blafphême !... et rién de plus naturel neanmoins. Dans son état incorporel, il a été très-affligé des maux qu'il avait faits, durant sa vie ministerielle ! Lors donc que le moment de se recorporer a été venu, il prié l'Être-suprême ; il l'a conjuré, avec larmes, de lui donner Une existance, qui reparât le mal qu'avaient occasionné plusieurs de ses actes de gouvernement dans sa dernière vie encorporée. Et l'Être-suprême touché, intima ses ordres au Soleil et à la Terre, producteurs immediats et directs des Hommes, ainsi que de tous les autres Animaux, pour qu'ils fissent de lui ce qui conviendrait. Ils lui plasmèrent donc le cerveau d'Un Écrivain énergiq, d'une imanation feconde, non folle, comme celle de LESUIRE ; ni toujours tournant autour des Femmes, comme celle de LABRETONE ; ni atroce comme celle de l'Auteur d'*Aline et Valcour* ; ni vide de vraie philosophie, comme celles qui ont présidé aux traductions de DELILE et de FARIOT, et n'ont jamais compris, ou voulu rendre celle de leurs Auteurs ; temoin la description du Printemps dans les *Georgiques*, et l'histoire des Cerastes et des Femmes-aîlées de Thessalie, des *Métamorphoses* ; ni comme celle de

LALANDE, toujours engourdie, ou ne rêvant que des chifres et des nombres; ni comme celle de SIMON-LAPLACE, qui ne voit que des Astres et des Cieux éterenels, quoique la Nature, la Raison et l'experience annoncent que tout finit, etcª. Les formes plastiques de Merciér le rendirent Un Écrivain philanthrope, éclairé, desireux d'être Utile, infatigable dans son activité litteraire, imperturbable dans le choix des moyens, servant l'Humanité au Theâtre, dans le cabinet, dans la Société. C'est ainsi que l'Auteur Merciér, jusqu'à présent, Avril 1788, a reparé le mal que fit son âme, lorsqu'elle avait animé le corps *Mazarin*-cardinal, souche de Rois.

Il est Un certain *Homme*, qui ne fait pas grand bruit, et dont On n'a encore rién vu au Theâtre : Il a cependant fait quelques pièces restées inconnues, et plusieurs Ouvrages, calomniés par les Puristes, et les petits Auteurs. Il se montre à peine. On le nomme, je crois, SALOKIN, et on le dit *Reître* d'origine. On m'a parlé de lui, sans que je m'en informasse. Ce fut Ysslasie qui me demanda, Si je le connaissais, et ce qu'il fesait ? Clarendon n'y songeait pas, Salokin ne s'occupe dans ses Ouvrages que du bonheur des Femmes: Ce fut l'obfervation de Clarendon, fur le reproche affez vif de fon ignorance que lui fefair Ysflasie (car les Époufes font maris chéz les Decorporés ; ce font elles, comme je vous l'ai deja dit, qui ont la fcience, la force d'efprit et l'autorité)..... J'eüs peine à repondre à la queftion d'Ysflasie. Salokin était alors enfoncé dans une nuit profonde-.. Il est des Gens qu' On ne peut deterrer; qui aiment à fe cacher, à vivre obfcurs, inconnus, ou à ne paraître dans le Public, qu'à l'aide d'Une production, qui par fon Utilité, les tire du neant. Je vous en parlerai demain, encore que cet Homme doive peu vous interefser, vu fon ignobilité.

Reponse a la LXV.me Lettre.

21 Avril.

JE me rappèle, mon chèr Mari, d'avoir lu dans VOLTAIRE, que *Mazarin* jeune encore, ne fe conduisit pas, comme tant d'autres Ministres et d'autres Generaux, qui fe font un jeu barbare de laifser repandre le faude 20 ou 30 mille Hommes. Il avait dans ſa poche le TRAITÉ de paix : Les 2 Armées ſe précipitent : La foudre est moins terrible : Mazarin s'élance entr'elles, et s'écrie, ‹‹ *La paix ! la paix ! voici le Traité !.... O mes Frères ! Hommes comme moi, ne vous entr'égorgéz pas !....* Le grand *Voltaire* regarde ce trait comme valant une vie entière ; et il est digne de *Mercier*, dans la tête duquel il a causé plûs d'une réminiſcence.

Mes Amies ne m'ont pas ſuggéré ce trait : nous l'avons trouvé dans nos lectures, *Filète* et moi.

J'ignore quel est l'Homme dont vous me parléz ſous le nom de SALOKIN ? Ce n'est pas *Salaün*, j'eſpère ? car il est mort : ce n'était qu'Un pauvre *Sousfrèroniste*, que ſon Maître laiſſa mourir d'inanition. Ce Salaün (dit-on) ainſi que bién d'Autres, était une rampante chenille, qui corrodait les productions d'Autrui.

LXVI.ᵐᵉ LETTRE.
D. m. T.   6 Avril.

JE temoignai quelque ſurprise à la belle Yfflasie, de ce qu'elle s'obſtinait à me parler d'Un Inconnu ! ,, Je fuis fûre que vous l'aimeréz (me repondit-elle), alors que vous fauréz ce qu'a été cet Homme obscur, ignoré, dont On n'a encore prefque rién vu, qui merite d'aler à la Posterité ? ,, A-lons donc (repris-je, en pliant les épaules), entretenéz-moi de votre M. Salokin ; il faudra bién vous écouter ! ,, Il fut Un Heros ! Il était... TURÉNNE. ,, TURÈN-NE ! (m'écriai-je)... M. SALOKIN, TURÈN-NE !... fi l'on confervait la memoire d'une vie corporée à une autre, comme fon âme ferait étonée ! Elle regrèterait fans doute de ne pas animer le Heros d'Italie, d'Égypte et de France... ,, Salokin était TURÉNNE; toutes les Ames le favent ici. Quant au Heros dont vous venéz de parléz, je puis vous dire ce qu'il fut dans 3 ou 4 vies antecedentes : A fa dernière corporation, BONAPARTE était VINCENTDEPAULE ; plüs anciénnemt, DUNOIS ; auparavant, PÉPIN, père de Charlemagne ; avant encore, il avait eü nom MARC-AURÈLE-ANTONIN ; antecedemment CATON d'Utique ; auparavant, FABIUS ; enfin ROMULUS, après avoir eü le corps d'ACHILLE, au fiége de Troie. ,, SALOKIN fut TURÉNNE ! (repetai-je) : Je

le connais un-peu, et vous m'étonnéz fort!
... Hô!. il faut avouer que ceci me furprend autant qne la Marquise DE-Brinvilliérs devenue Sàintlâbre!... ,, Vous aléz être encore plüs émerveillé! car je puis vous reveler ce qu'il avait été auparavant. ,, Hâ! voyons? que fut-il? ,, Louis-XII. ,, Louis-XII!... O profondeur!... Et auparavant encore le Grandmaître des Templiérs, brûlé fur l'Ile-Adam. Et encore auparavant, l'Empereur *Charlemagne;* auparavant lequel, il avait été, PERTINAX, TITUS, puis le faible CLAUDE, et OCTAVIÉN-AUGUSTE, et TIBERIUS-GRACCHUS, et CORIOLAN, et PARIS... On en reste là; car vous ririéz, fi j'ajoutais, que SALOKIN fut AFOLLON, du temps des GIGANTS, ou *Géants,* lesquels n'étaient que des Hommes de la grande Race, qui a précedé la nôtre dans la tenue du fceptre de l'Animalité... Je n'en voulus pas favoir davantage. Mais le lendemain-matin, j'ai tâché de voir l'Homme-SALOKIN. Je lui ai parlé. Je l'ai écouté. Il m'a paru posseder une connaissance approfondie de toute la Nature. Je l'ai mis fur Lonis-XII: Et j'ai vu qu'il avait tous les defauts de ce Grand

Roi. ,, Alons, alons (me suis-je dit à moi-même), voila pourtant quelques apparences en sa faveur ,,... Nous avons nommé TURÉNNE; et SALOKIN s'est mis dans une si grande fureur de ce que ce Grand-homme avait executé la devastation du Palatinat, ordonnée par le feroce Louvois, que je ne doutai plus, que TURÉNNE n'eût agi contre son bon cœur. J'ai amené l'entretién sur *Mazarin*. Il s'est radouci, et tout en le blâmant où il était blâmable, il l'excusait de son mieux. J'appris qu'il en agissait ainsi pour MERCIÉR, et qu'il était le plus ardent partisan de ses DRAMES. Je crois que toute cette conduite est un effet de la secrète reminiscence... Ce que c'est que de nous! LOUIS-XII-TURÉNNE, aujourdhui SALOKIN! Par quelles viciffitudes étranges passent les Ames des Grands-hommes, par l'encorporation au hazard!

Je vais placer encore ici une autre decouverte sur Un Encorporé, M. ARTHAUD *de Bellevue*, homme d'esprit, et que vous devéz avoir vu chéz le Comtesse. Il a une foule de connaissances: Il est ami de *Mongolfiér* et des BALLONS. C'est lui qui fit en partie le malheureux ballon de l'Abbé *Miollan*,

Miollan, qui n'échoua que parcequ'On ne voulut pas suivre en tout son experience et ses conseils : Car il en avait deja conduit quelques-uns... Il fut, sous Louis-XIV, *Labruyère*... sous François-1er, *Ronsard* : du temps de Philippe-le-Bel, *Clement-V*; et précedemment *Clovis*, Roi des Francs.

Ysflasie et Clarendon virent en ce moment sur la Terre, Un-autre de nos Amis ; c'était Un Officiér Français, qui a servi en Hollande, sous le Comte DE-Maillebois ; qui a fait plusieurs Ouvrages sur les *Fortifications*, etca. Il a depuis montré Un grand merite... Il fut *Catinat*, à son avantdernière vie ; anterieurement, *Guillaume d'Orange*, Roi d'Angleterre ; plüs anciénnement, il avaît été *Belizaire* ; et peu auparavant, *Génseric*, Roi des Vandales. Aujourdhui, c'est Un Corporé paisible, employant tous les instans de sa vie à d'utiles decouvertes dans son art, qui est celui de la guerre, et à trouver un moyén facile de faire produire à nos terres le double et le triple, par la culture et surtout l'ensemencage. Ce Militaire utile se nómme JULIÉNE-BELAIR ; il fut nommé Gouverneur de *Mantoue*, avant *Latour-Foissac* : Mais une

I Volume. M

maladie et des obstacles insurmontables l
retinrent 3 mois à Paris, malheureusement
A demain, mon aimable Amie.

Réponse a la LXVIme Lettre,
22 Avril.

Nous connaissons votre Homme obscur
mes 2 Amies et moi. La Comtesse l'a reçu chéz elle. Celui que vous nommez
Arthaud-de-Bellevue, autrement *Arthaud de
Lyon*, est Un Homme estimé, un-peu singuliér, mais ayant beaucoup d'esprit. Il
a du goût pour les atts, pour les sciences;
en-un-mot, c'est Un Homme qui n'est pas
une servile copie, mais qui a un caractère
original. Il a pris avec lui Une Fille, dont
il a soin, et qui a le caractère si bizarre,
que si j'étais à-portée de voir les Ames, je
voudrais savoir ce qu'elle a été précedemmt.

Quant à Julienne-Belair, c'est Un
Homme d'un rare merite! Quoique très-connu, il l'est pas encore asséz; de-sorte
qu'il ne fait pas, ou qu'on ne lui laisse pas,
ou qu'on ne lui fait pas faire tout le bién
qu'il pourrait. La Marquise a consenti
qu'il fît exploiter une Ferme à elle suivant
ses procedés, et le succès a été prodigieux!

Il est au quadruple du produit ordinaire, et a eü l'avantage d'occuper tous les Enfans des environs pendant les femailles. Il les occupera encore au printemps, avec un gratoir, pour ameublir la terre entre les piéds de froment, et l'ouvrir aux influences de l'atmosphère. Outre qu'ils auront femé les *printemps*, comme ils avaient femé les *automnes*. Il a grand foin, en fesant femer par rayons, qu'on brise les motes, que la plante germée ne pourrait percer, etc.[a] Je prendrai fa methode, si tu l'approuves, comme je le penfe, pour nos Fermes de *Beauce*.

LXVII.me LETTRE.

D. m. T. 7 Avril,

HIèr, j'oubliai de vous dire, en parlant du philosophe ARTHAUD, qu'il prend foin d'Une Fille, dont la trempe d'esprit extraordinaire, excita, dans le temps, ma curiosité Je l'ai fait voir à mes 2 Ames amies, en les priant de s'informer?.... Elles l'ont fait. *Alexandrine-Felicité-Payén* est fille-naturelle d'Un Avocat, et d'Une Marchande de Dentelles; elle est d'un caractère baroc, ayant été bizarrement élevée dabord par la Famille de son Père; puis par sa Mère, qui ayant des raisons pour la derober aux ieux de ses Voisins et de ses Parens, la tenait renfermée seule dans un greniér isolé, lui passant sa nourriture par une chatière, etc. Cette Femme avait une singulière manîe; elle avait été trompée par le Père d'Alexandrine, qui refusa de legitimer son Enfant; elle voulut préserver sa Fille de ce malheur, en lui rendant la conception impossible, elle imagina un terrible moyén!... ce fut de lui brûler la partie sexuelle, de sorte qu'elle fût à-jamais difforme à la vue et douloureuse au toucher. L'execution exacte et prompte de ce projet donne la mesure du caractère de la Mère d'Alexandrine, qui, depuis se crut fondée à croire que sa Bourrelle n'était pas sa mère. Elle l'était cependant, comme je m'en suis assuré, en la voyant moi-même *Petite-ruë-Tarane*... Aussi Alexandrine s'enfuit-elle de chéz elle, dès qu'elle put marcher. Comme elle ne savait que devenir, elle se donna à Un vieux Charlatan-Brocanteur, qui vu sa figure Anglaise, crut qu'en la fesant passer pour une Étrangère, il en tirerait un meilleur parti. Il ne se trompa point. Il lui mit un petit chaperon rouge, et sous cet accoutrement bizarre, avec le langage heteroclite de la petite Sauvage, les expressions emphatiques de son Maître, les Estampes ridicules qu'il debitait, il attira la Foule du Boulevard du *Temple*. Ceci l'encouragea: Alexandrine avait entre 18 et 20 ans. Il resolut de la mener tenter fortune en Angleterre où il la donnerait pour une Fille sauvage, trouvée à 12 ans dans un bois en *Sommerset-shire*. Il reüssit dabord. Mais Un Lord étant devenu amoureux de son Élève; il voulut faire fortune tout-d'un-coup, eu la brocantant. Il ignorait l'affreuse brûlure. Mylord n'y regarda pas d'abord. Mais à l'accouchement douloureux, tout se devoîla. La *Puerpère* fit horreur à l'Accoucheur et à l'Amant, qui la quitta... Mais qui avait été cette Alexandrine, si dedaignée?... La Reine *Anne*!... Enorgueillissez-vous, Rois, Reines, Princes, Princesses, Ducs, Duchesses! Vous ne savez pas ce qui vous attend à une autre vie corporée! J'ai vu Louis-XIV crocheteur devant *Saintyves*; la Mère d'Alexandrine, nue, mendiante, est morte de misère dans un taudis, *Petite-rue-Taran-*

ne! Hé ! n'ai je pas vu *Marieantoinette*, Reine, Fille et sœur d'Empereurs, traînée au supplice dans un tombereau ?... Hâ ! soyons bons, doux, humains ; nous aurons besoin un-jour, dans une vie postérieure, qu'on le soit envers nous !...

Vous avez connu, chez la Comtesse, ce vertueux Comte *de-Saintealdegonde*, qui, laid comme Socrate, a, comme lui, triomphé de la nature, et l'a forcée d'être bonne. ... Vous savez qu'il a divisé ses terres en petites portions, qu'il afferme avec desavantage à différens particuliers qui le paient mal ; ce qui ne l'en corrige pas. Dites-lui qu'Ysfiasie et Clarendon, qui l'aiment, qui l'estiment, m'ont fait connaître, qu'il fut *Pythagore*, *Numa*, *Brûtus*, *Fabius*, l'Un des *Grácques*, *Pertinax*, *Paul-l'Hermite*,... enfin en 1640, *Vincentdepaûle*, dont On a fait un Saint; ce qui est toujours quelque-chose, surtout quand les Capucins le donnaient aux Enfans en images enluminées.

Un caprice d'Ysfiasie, qui entendit une M.de-d'amadoue et une Crieuse de plaisir chanter leur marchandise par un air, qui ne marquait pas une tête fort saine, lui fit desirer de savoir ce qu'elles avaient été à leur dernière vie corporée?... Quelle fut sa surprise de retrouver dans l'Herbière et l'Oublieuse, Madame et Mlle *Deshoulie-res* !... O ma belle Hortense ! ceci me desole un-peu... car enfin, nous pourrions bien un-jour, dans une vie corporée subsequente, être... vous, blanchisseusedebateau, ou qui pîs est, à l'augelot, moi Tireurdebois-floté !... Mais, point de conjectures sinistres; nous pouvons aussi être toute autre chose.

J'en ai un exemple : En voyant ce matin passer, dans Florence, la jeune et brillante Epouse du Grand-Duc, j'ai voulu savoir qui elle avait été, à sa dernière vie corporée?... O Dieu! sa Monade animait une pauvre petite Esclave Nègre de 15 ans, qu'Un luxurieux et cruel Coquin, qui venait de lire la *Justine*, poignarda en la possedant!.....

Me rappelant alors la jolie *Du-Té*, que j'avais vue briller à Paris, je demandai, ce qu'elle était à sa dernière existance corporée ? La Servante bancale rousse caliborgnon chassieuse d'Une acariâtre Femme de Libraire, qui ne lui donnait pour nourriture que les restes laissés sur les assiètes, et les os demi-rongés... Cela m'a confolé. Ajoutez, qu'en fe comportant bien, l'on a droit de choifir : ce qui est un encouragement à la vertu.

Reponse a la LXVII.ᵐᵉ Lettre.

23 Avril.

Tu m'avais devinée, chër Mari ! à-moins qu'Yfflasie et Clarendon m'ayant vue écrire ma Reponfe, ne foient accourus aufſitôt et la reveler ? Il falait me le dire. Ç'aurait été un beau prodige que cela !.

Oui, nous avons fort connu Saintealdegonde, homme vertueux, mais original ; s'obftinant, comme les Banians, à ne vouloir rien manger qui ait eü vie, et ne s'en portant pas mieux. Mais c'est la meilleure âme qui ait jamais exifté.

Ton Amadoueufe et ton Herbière m'avaient mis du noir dans l'imagination : Je fuis bien-aife que tu l'ayes éclaircie par la GrandeDucheſſe, et par Mlle *Du-Té !* Cependant, je ne vois pas que nous devions nous affecter beaucoup de toutes ces chofes-là : le fond est toujours le même ; il ne s'agiſſait que de le favoir, et voila que nous le favons. C'est fous ce pointdevue que tes Lettres, fuperficielles en apparence, font de la plüs profonde morale !..... Mais voici le mal : le Monde préfent et le futur ne croiront pas à Une Yfflasie et à Un Clarendon ; on trouvera ridicule que leur histoire commence le jour de leur mort. On n'aura pas une foi implicite à l'histoire des Ames, à leur vie reelle fur la calote de notre atmosphère !... Mais j'ai toujours obfervé, que c'est l'incredulité qui perd les Hommes. S'ils croyaient tout avec confiance, fuffent-ils trompés, ils feraient heureux. Mais c'est ce qu'ils ne veulent pas entendre. De prétendus Finots viénnent leur dire : ,, Quoi ! vous croyéz cela ? Hâ ! hâ ! hâ !... Et voila mes Gens qui ne croient plus rién, et qui font malheureux !... Hâ ! mon Ami ,, ! ayons de la foi, et nous transporterons des montagnes.

LXVIII.me LETTRE.

D. m. T. 8 Avril.

Vous avéz vu par la manière dont j'ai prefque fini ma dernière Lettre, que j'avais des craintes fur ce que nous pourrions être un jour; car nous savons ce que nous avons été. Cette dernière nuit, je n'ai eü rien de plus pressé, quand j'ai vu Ysfasie et Clarendon, que de m'informer, S'il était possible de connaître le sort futur des Ames actuellement corporées, après la vie decorporée qu'elles doivent mener? La 1re reponse a été, Que c'était bien l'imprévoyable; puisque les Ames n'étaient pas maîtresses de se choisir un corps, et qu'à l'instant de se recorporer, elles s'élançaient, et tombaient au-hasard dans le 1er Fœtus prêt à les recevoir, ou le plus proche d'elles.!. C'est ordinairement dans leur pays qu'elles se recorporent; attendu que les Ames vieillies decorporées se deplaisent dans les climats qu'elles n'ont pas toujours eü sous les ieux; et en-outre, parceque la chute perpendiculaire leur est plus naturelle, que l'horizontale. Cependant comme elles voyagent très-facilement, il peut souvent arriver, que leur instant de recorporation arrivant quand elles sont audessus d'une contrée étrangère, elles soient ainsi forcées de changer de climat.

Malgré cette reponse, nous consultames *Orphée*, qui ne se plaisait plus en Grèce, non-plûs que *Caton* dans Rome moderne; tous-deux étaient en France. Le 1ᵉʳ ne quittait pas les *Tuileries*, ne pouvant souffrir la vue des Barbares ignorans devenus les tyrans de son anciénne Patrie; le 2ᵈ rougissait des *Monsignori* de la siénne. Orphée rêva un moment. Puis se rappelant d'avoir vu âmes les 5 Persones dont je lui parlais, vous, *Hortense*, la Comtesse *Fanny-Beauharnais*, la Marquise *Montalembert*, Mad. *DeMarigni*, et votre *Filette*, il nous donna une 2ᵈᵉ reponse : ,,Elles sont toutes-5 vertueuses; elles auront, à la fin de la vie decorporée qui va suivre, la liberté de se choisir leur corps, et Fontlhête l'aura également ,,...

J'ai été transporté de joie d'avoir cette nouvelle ét vous aprendre. Car bién que je susse que les Ames vertueuses avaient cette prérogative, j'ignorais encore qu'elle vous fût nommément reservée... Je donnerai donc notre horoscope dans la Lettre suivante... Je voulus me bién assurer qu'Orphée ne plaisantait pas. J'ai pris toutes les précautions pour n'en pas douter. Je puis donc me flater de vous annoncer la verité, pour vous, pour nos Amies, et pour moi.

RÉPONSE A LA LXVIII.e LETTRE.

24 Avril.

CERTAINEMENT nous ferons charmées, bon Mari, toutes les 5 que tu nommes, de favoir non quel fort nous aurons; mais quel fort nous pourrons avoir. Nous nous fommes confultées; et comme ma Lettre n peut influer fur ce que tu nous écriras dans la tiénne qui est en route, je ne rifque rien de t'exprimer nos vœux, ou nos prétenfions, comme tu les voudras nommer.

La Marquise de-Marigni, fi elle en est maîtresse, et qu'elle puiffe favoir ce que doit devenir l'Embryon qu'elle choisira pour l'animer, entrera dans un corps femelle, deftiné à faire un-jour la Favorite d'un grand Roi de France : Ce ne fera ni pour les plaisirs, ni pour les richesses, ni pour les honneurs : Elle mettra toute fon attention, toute fa felicité à rendre les Peuples heureux, à faire entreprendre à fon Amant de grandes et belles choses. Elle croit que c'est la destination la plüs reellement glorieuse. Mad. De-Montalembert voudrait animer l'Embryon d'un Auteur destiné à remplacer le *Voltaire* de 1800;

à 1878, en se proposant d'être meilleure NATURALISTE, et moins esclave des préjugés.

La Comtesse prendrait ses arrangemens pour être REINE de *Pologne*. Son goût dominant est pour cette Nation-là. Elle emplóierait son crédit à faire le bonheut d'un Peuple qu'elle aime.

Filète ... entrerait aussi dans un corps de Femme : elle n'aurait d'autre ambition que d'être belle ; puis tendre ; puis heureuse, par le bonheur de son Amant.

Moi, chër Ami, je suivrais ton âme ; je naîtrais femme, à 5, 8, ou 10 ans de toi, et je serais, pour le corps où ton âme logerait, attentive, agaçante ; et une-fois aimée, tendre, bién tendre, pour l'unique Objet de mon choix.

Voila nos vœux. Celui de Filète et le mién ne sont pas fort saillans ; mais je les trouve les plüs raisonnablas... Mad. De-Marigni soutiént que le sién est le plüs philosophique. Il y a bién quelqu'apparence. Tu decideras cela, si tu le juges à-propos ?

LXIX.me LETTRE.

D. m. T. 9 Avril.

IL est donc certain que nous aurons lorsque nous ferons âmes, après notre vie actuelle, la liberté de choisir de renaître de tels ou tels Parens, dans tel pays... Il est à présumer qu'éclairées par l'experience, douées de la perspicacité des Ames degagées, nous choisirons bien. Mais il faudra prendre nos précautions, et jeter nos grades bien à-propos, afin de ne pas être retardées d'un ordinaire; ce qui pourrait faire manquer l'existance desirée. Nous ferons sûrs du sexe; car c'est l'Ame entrante, au moment de la conception qui le donne au fœtus.

D'après la tournure de l'âme d'Hortense, sa façon de penser, la noblesse de ses idées, sa rectitude naturelle, sa manière de vivre, qui doit succeder à l'état actuel de ces choses, elle voudra naître fille, de l'Homme et de la Femme les plus vertueux, dans l'aisance, et les plus beaux qui soient dans notre pays. Je choisirai la même condition; je voudrai naître dans la même ville; vous seréz belle comme vous l'êtes : Je serai mieux que je ne suis, sans être fat; nous nous aimerons, et nous serons unis par toutes les couvenances.

[*En renvoi et d'écriture imitée :*

Filète aura choisi le même pays que vous, et la même condition : Elle fera belle comme elle est ; car je me rappèle à-présent de l'avoir vue ; j'aurai Un Frère, par qui je la ferai époufer : vous ferez fœurs.]

Mad. De-Marigni voudra naître d'Un Duc-et-pair, être riche, grande, belle comme elle est, et faire à la Cour une fenfation étonnante! charmer le Roi, être noblement fa favorite, et faire le fort de l'Europe : fon modèle est Agnès-Sorel.

Quant à FANNY-BEAUCHAMOIS, elle aurait le defir de naître du Daufin, pour avoir Une Grand'mère cherie; elle voudra naître mâle; elle ou il fera longtemps en tutelle, par la longue vie de fon Père. Enfin elle parviéndra au TRÔNE, fous le nom de FRANÇOIS-III, mais pour en descendre auffitôt, pour établir des CONfULS et Une Republique bién ordonnée. Il n'y aura point eü de Fille en âge, ou affés belle, en Efpagne, en Autriche, en Piémont, en Saxe; elle prendra la Fille du Roi de Pologne, par goût pour elle, et pour cette Nation Elle gouvernera la Republique fon ouvrage, avec éclat, par la justice, et fes excellentes loix, les Établiffemens utils,

le perfectionement de la culture, qui doublera le produit du Territoire de la France, sans en accroître l'étendue: Elle ranimera le commerce; enlevera les *Indes Orientales* à l'Anglais, mais pour rendre les Indous heureux : Ce beau pays deviéndra presq.e Français : L'On y aura plusieurs grandes Villes de cette Nation; tandis que les villages seront en entiér des Naturels de toutes les Castes, dont On favorisera les plüs utiles, sans blesser les droits ou les préjugés des autres. Elle donnera aux Français l'idée et le goût de veritable gloire, en les rendant le *moyén* du bonheur des Nations.....
Elle aimera Hortense, Églé, Isabelle et Filète, mais à-raison de leurs qualités superieures, et leurs Maris deviéndront ses Ministres... Épris de sa justice et de sa grandeur, les fiërs Anglais, chéz lesquels la Race Brunswick aura cessé, viéndront lui offrir leur Trône. Elle l'acceptera, et passera 8 mois à Paris, au Louvre, et 4 mois à Londres, à Saintjames. Les bords de la Manche ne seront plus habités que par des Frères.... etc.a

Voila ce que nous fit voir Orphée dans une espèce de Tableau magique. Puisse sa prophetie se realiser, et surtout que nous soyions encore unis Hortense et moi........ Hô! comme il faudra être vertueux, afin que nous puissions rechoisir nos corps dans une subsequente vie corporée!

Reponse a la LXIX.me Lettre.

25 Avril.

Que voila de belles choses! Mais ce que j'admire, c'est la sûreté de ta judiciaire, chër Mari! Toujours par un côté tu rentres dans la verité; c'est-à-dire, dans ce que les Persones même ont desiré; car la Comtesse est convenue, que tu avais mieux vu qu'elle au fond de son âme.

Toute ton ambition se borne donc à être mon mari? Hâ! cela est bien flateur, et je te remercie sincèrement d'un sentiment aussi delicat!...... Mad. de-Marigni aime mieux ta manière de voir, pour la rendre Favorite, que la siénne. La Mqse de-Montalembert, tâchera de renaître elle-même, et de deviner le corps qui devra être Un nouvel Edmond, pour l'aimer, comme Une-autre M.me Parangon.

Si tu étais là, Filète te ferait (dit-elle),

mille remercîmens, de l'avoir rendue ma belle-sœur; et depuis ce moment, nous nous en donnons le nom. Ainsi tes Lettres sont pour moi et pour mes Amies, une source d'amusemens.

LXX.me LETTRE.

10 AVRIL.

Vous eussiéz ri de bon cœur, ma belle Hortense, de voir FANNY *devenu futur Roi* FRANÇOIS-III *(devenu futur* ne s'est pourtant jamais dit qu'en cette occasion)! De voir (disais-je), FANNY, devenu veuf de la Princesse Polonaise, prendre une Maîtresse! Cela n'est pas risible (diréz-vous)! Pardonnéz! très-risible; puisque c'était Un ci-devant HOMME... ,, Mais quel Homme? ,, Hâ! il est bien juste de vous dire ce qu'il avait été dans ses existances précedentes. Nous l'avons demandé à l'antique et bon Orphée, qui nous a repondu, avec beaucoup d'interêt : ,, Celui dont vous vous informéz, fut jadis *Anacreon*, Un de mes successeurs. Après l'avoir longtemps perdu de vue, tout dernièrement je le retrouvai un Poète français semillant: je le retrouvai *Dorat*. Mon étonnement fut extrême!... Je lus ses Ouvrages. Ils me parurent inferieurs à ceux d'Anacreon, *la Feinte par amour* exceptée. Je fus quelque temps sans le revoir. Enfin, l'envie m'en reprit: Je le redemandai? On me montra Un tout-autre Personage, qui se nommait *Dorat-Cubières*!... Je ne l'avais jamais vu. Je lus ses Ouvrages, et trouvai qu'il avait effectivement beaucoup de choses de *Dorat*. Je le fis interroger par le vieux *Musée*, qui avait encore le privilége de parler à des Encorporés, et d'en être entendu. Et voici ce que je compris à l'entretien:

Musée. Qu'étais-tu, avant que tu fusses Dorat-Cubières? ,,*Dor.-Cub*. Je ne m'en souviéns plus. *M*. Qui voudrais-tu avoir-été? *D.-C*. Scarrón. *M*. Scarrón, quoi! ce miserable travestisseur? ce comique degoûtant, dans le goût de votre *Jeannót*! et tu pourrais t'en faire honneur? *D.-C*. Je le voudrais. *M*. Tant-mieux pour toi!... car tu l'as été... Je craignais de t'humilier en te le revelant: mais tu ès plüs sage que je ne l'aurais imaginé. *D.-C*. Vieux Musée? écoute-moi; je t'en requiërs, encore que ce soit pour entendre Dorat-Cubières te parler de lui-même... Hé-quoi ? Celui qui a celebré THEMIRE, en vers si tendres, et si delicats : Celui dont les POÉSIES FUGITIVES rappellent si bien celles de *Dôrat*, dont il fut l'ami ; celles de *Gresset*, de *Chaulieu*, de *Bernard*, de *Bernis*, de *Desmahis*, de VOLTAIRE lui-même : Celui qui nous a donné Un THEATRE MORAL, où respirent à-la-fois, l'amour de la Vertu, et la haîne de tous les PRÉJUGÉS nuisibles : Celui qui a fait des *Éloges* si ingenieux de VOLTAIRE, *Fontenelle*, DORAT, *Colardeau* ; Celui dont l'âme est si aimante, si modeste, qu'il a loué, qu'il loue sans-cesse tout le monde, voire même l'*avantageux Laharpe*, encore que cet Orgueilleux vilipende tout ce qui n'est pas lui ; DORAT-CUBIÈRES enfin, dont le nom seul, rival de celui d'OVIDE, rappèle l'idée des Grâces, de l'esprit et de la Société poétique, avait, dans une vie corporée précedente, habité un corps difforme, contrefait, qui avait rendu sa monade mechante ?.... SCARRON avait sans-doute quelqu'originalité dans sa manière ; mais cette manière est proscrite par le bon-goût. Ses comedies sont toutes des farces, conduites par des moyens invraiſemblables ; les ſituations en ſont forcées, et les caractères grotesquement exagerés ".

Je m'arrête, ma BELLE, en vous obſervant que Dorat-Cubières, en s'appréciant ainſi lui-même, ſe venge d'injuſtes Detracteurs de toutes les claſſes, qui le dechirent à-l'envi.

REPONSE A LA LXX.me LETTRE.

26 AVril.

NOTRE Amie a été un-peu mortifiée, non de ce qu'étant ROI, et veuf, elle s'eſt donnée une Maîtreſſe ; mais de ce tu ſembles prendre à tâche, bon Mari, de prêter à Un Homme qu'elle eſtima, le ridicule de la vanité. Aureſte, nous verrons quel ſera le denoûment, comment tu nous ajuſteras cet Homme, qu'*Orphée* a vu double ? Je ſais bien qu'une foule de Gens en veulent à *Dorat-Cubières*: mais je ne ſuis pas de celles-là... Quoi qu'il en ſoit, ſi ta critique était connue, elle ferait plaiſir à certaines Perſones... La Comteſſe a ſoupiré, en reliſant elle-même ta Lettre : ,, Hâ ! il a parlé autrefois ſur un autre ton, et s'il était là, je le ferais retracter... Mais il n'eſt plus poſſible !

Dorat-Cubières, ou *Rubiscée*, est venu nous voir : Il a demandé, avec empreſſement, à voir ta Lettre... Nous avons été obligées de la lui montrer.

LXXI.me LETTRE.

D. m. T. 11 Avril.

Nous en étions au jugement que porte *Dorat-Cubières* de *Scarron*. Il continue de parler:

« Quant à ſon ſtyle, on ſait que le burleſque eſt le derniér de tous. Mais Scarron a la gloire, ſi c'en eſt une de dégrader les belles choſes et d'avilir les belles conceptions de l'eſprit-humain, d'avoir introduit le burleſque en France. Il eſt en quelque ſorte le père du perſiſflage ſi plat, ſi bête, de certains Journaliſtes, qui en ſaliſſent tout Ouvrage, dont ils rendent compte.

Le meilleur Ouvrage de cet Écrivain de genie, que je fus, c'eſt le ROMAN COMIQUE ; et cette Production ferait honneur à nos Auteurs les plus celèbres : Le titre ſurtout eſt d'une double juſteſſe, qui frappe : Le *Roman-Comique* eſt propre à faire tire ; et il eſt l'Hiſtoire de Comediens de profeſſion, qui en font les Héros très-plaiſans. Mais *Dorat-Cubières* a publié un Ouvrage de ce genre, qui ne le cède point à celui de ſa vie corporée antecedante. Cet Ouvrage intitulé, MISOGYNES, *ou les Femmes comme elles ſont*, plaîra toujours également aux deux Sexes. Le *Roman-Comique* élargit demesurément la bouche des Lecteurs, par le gros rire qu'il excite; aulieu que le *Misogynes* fait éclore ſur les lévres de la Beauté un ſourire legér, philoſophique même : La ſageſſe s'y montre parée des grâces de la plaisanterie, aulieu que ma gaîté *ſcarronique* ne porte auqu'un fruit avec elle; je n'étais comique que par les mots, aulieu que devenu *Dorat-Cubières*, ou *Rubiſcée*, je le ſuis par les choses.

La Bonne-compagnie aimera toujours les Ouvrages de *Dorat-Cubières*, et ceux de *Scarron* deja ne ſemblent faits que pour les antichambres...: C'est la faute du ſiècle, et c'est le nôtre qui a perfectionné le fond, ainſi que la manière de mes Ouvrages.

Voila ce que nous dit Dorat-Cubières.

Pour revenir à notre Amie, elle trouva une jolie Fille, née dans la Famille *Argenſon*, qui paraiſſait très-journalière!

Mais elle était jolie : cela fesait paſſer ſur ſes caprices. Un-jour, elle était legère, ſpirituelle : Un-autre (et toujours alternativement), elle paraiſſait lourde, peſante. Ce fut ſon beau jour, que FANNY *homme* la vit pour la 1re-fois. Il en fut épris à l'excès... Mais dans la ſuite, ſurpris de l'inégalité de ſon caractère, de la difference alternative de ſon eſprit, Il voulut en connaître la cauſe. Or comme Il avait été de notre Société, Il avait des notions ſur la nature des Ames. Il ſe procura donc un entretien avec celle de la *Pamela-Genlis*, encore decorporée; et elle fut d'elle, que les deux âmes de *Dorat* et de *Cubières* habitaient toutes-deux le corps de *Rubiſcée-Argenſon*, et le regiſſaient à tour-de-rôle... Alors Il ne fut plus ſurpris de ſon goût imperieux pour la jolie *D'Argenſon-Rubiſcée*; et Il l'en aima davantage... Et vous, mon Amie, vous ne ſerez plus étonnée de ſes inégalités

Ce que j'apprenais-là d'Yfflasie et Clarendon, qui le tenaient d'*Orphée*, me rendit *Dorat-Cubières* plus intereſſant. Je tâchai de ſavoir ce qu'il avait été avant que
d'être

d'être *Scarron*? On trouva que c'était *Rabelais* ; puis *Lauréat*, auteur du *Roman de la Rose* ; puis *Alcuin* le croniqueur ; et dans l'Antiquité, *Aristophane*.

Je voulus, par la même occasion, savoir ce qu'avait été, dans ces anciens temps, son bon Ami *Cailhava*?.. Orphée nous aſſura, qu'il l'avait connu *Plaute*, à Rome, et auparavant en Grèce, sous le nom du Comique *Theſpis*... C'est tout ce que nous avons pu ſavoir...

REPONSE A LA LXXIme LETTRE.

27 Avril.

ALONS, alons, la Comtesse est un-peu remise : C'est bien aſſez d'avoir été ſucceſſivement quatre Hommes de merite ! Combien de Femmes, qui sont très-fières aujourdhui, qui n'ont jamais été que des Perſonages obſcurs !...

Nous obſervons, que tu nous repons rarement ! Si notre correſpondance était un commerce de Lettres ordinaire, je te temoignerais notre extrême curiosité, de ſavoir, ce que fut *Beaumarchais* ? Je serais bien trompée, ou cet Homme a été

Quelqu'un d'extraordinaire ?...... Pour moi, qui n'ai point de commerce avec les Ames, si ce n'est avec la tienne, je conjecture quelquefois ; par-exemple, que *J.J.-Rousseau* a été *Lycurgue*, puis *Épictète*; que *Diderot* a été *Pyrrhon*, que *Fontenelle* a été *Épicure*; que *Duclos* a été *Xenophanes*; que l'Abbé de *Saintpierre* a été *Platon*, puis *Thomas-Morus*; que le Baron *d'Holbach* a été *Socrate*, instruit sur l'âme par sa propre experience ; mais qu'il n'avait pas, comme cet ancien Athenién, vaincu toute la mechanceté de son caractère : Que *Ninon* avait été *Aspasie*; Mad. *De-Maintenon*, *Livie*, dernière Femme du voluptüeux *Octave*; que *Marion-Delorme*, fut *Phryné*; Mad. *Dubarri* *Agrippine*, femme de *Claude*, et mère de *Neron*.

La Comtesse a fait recemment la connaissance d'une jeune et charmante Personne, nommée Mlle *Vigée*; elle annonce le plüs beau talent pour la Peinture : Elle est encore interessante, par un Petit Frère très-aimable, et deja Lecteur excellent ! ... Nous voudrions bien savoir ce qu'ils ont été ?.... Ma 1ʳᵉ idée a été *Biblis* et *Caunus*... Tu rectifieras ma conjecture.

Nous avons encore beaucoup d'autres Connaissances estimables, dont le sort antecedent excite notre curiosité. Le 1ᵉʳ est M. *De-Montmorenci* ; puis MM. *Cambacerès* l'Archidiacre, *Servan*, depuis Ministre, aujourdhui General, et frère du celèbre Magistrat ; *Cailhava*, le POÈTE comique ; *Decherny* l'Amateur de musique ; *Genève* le MUSICIEN ; *Gournan* le POÈTE ; *Villars* l'Evêque ; *Lecomte*, jeune homme estimable, et quelques - autres, sur lesquels tu prendras des informations.

LXXII.ᵐᵉ LETTRE.

D. m. T.   12 Avril.

Tandis qu'*Orphée* alait recevoir Une Ame, qui l'avait demandé tout en entrant, nous entendîmes une sorte de rumeur, semblable à celle qui se fit en Enfer, à la reception de *Grisbourdon*. Mais la comparaison ne vaut rien ; puisque c'est comparer la fable avec la verité. Ysflasie et Clarendon voulurent voir ce que c'était ?

Le vouloir et le faire font la même chose, pour les Ames. C'était la Monade du célèbre *Beaumarchais*, qui arrivait à la surface de l'atmosphère, surface que n'aguère On nommait encore l'*Empirée*... Toutes les Monades étaient curieuses de le voir; les Unes parcequ'elles l'avaient connu; les Autres parcequ'elles avaient goûté ses pièces; toutes, parcequ'elles avaient entendu parler de lui... Pour moi, qui le connaissais, je fus bien-aise de le voir aussi... Sa Monade avait l'air bonne Persone, et la plupart des Gens Monades qui ne l'avaient pas connu familièrement, niaient que ce fût lui. Mais je leur fis assurer par Ysflasie et Klarendon, que c'était reellement le bonhomme Beaumarchais, et, à l'appui de cette opinion, je leur montrai un Livre curieux, mais parfaitement ignoré, parce qu'On ne l'a pas mis en vente, intitulé, Le *Drame de la Vie*, par ce pauvre *Restif-Labretone*, Ouvrage dans lequel la bonhomie de Beaumarchais est certifiée. Je montrai aussi LE CŒUR HUMAIN DEVOILÉ, autre Ouvrage singuliér du Même, en XIX Vol-

dont XI seulement ont paru chéz *Bonne-
ville*, et les autres sont chéz l'insouciant
Auteur, qui n'ose les publier. C'est dans
cette 2de Production, qu'est celebrée la
bonhomie de l'Auteur d'*Eugenie*, par un
Ami, aussi vrai que le fut *Gudin*...... Je
persuadai.

On n'avait cependant pas encore entendu parler du decès du Père de *Figaro*.
Quoi qu'il en fût, je le voyais ; soit qu'il
eût aussi le secret pour sortir de son corps
quand il voulait, comme On verra par la
suite, que saura le faire le Duc MULTI-
PLIANDRE ; soit qu'il eût été expulsé de
lui-même, et pour un temps, par ce Duc.

Orphée cependant revenait, nous ame-
nant une Ame nouvellement decorporée,
tenant une lyre immortelle, dont elle ti-
rait des sons harmonieux à la manière des
Ames... Avant de voir le Heros, mais
au son de sa lyre seulement, Orphée s'é-
tait écrié : „ C'est lui ! c'est mon Ami
c'est *Amphion* ! „ Quî entens-je là ? (dit
faiblement la Nouvelle-arrivée). Ne vou-
léz-vous donc pas me conduire auprès
d'Orphée ? „ Hé ! c'est moi-même, qui

te cherche, mon Ami?... Mon chër Amphion »!... A cette exclamation, GLUCK treffaillit, et preffé par le defir le plüs vif, il s'unit à Orphée, au point qu'on aurait penfé que c'était une feule Monade. Toutes les Ames pouffèrent un cri de joie, car elles ne doutèrent pas qu'elle n'euffent biéntôt les plus harmonieux concerts; puifque les Dieux de l'harmonie leur étaient rendus... *Lulli*, qui avait été *Timotée*; *Rameau*, qui avait été *Marfyas*, avant que d'être *Pindare*, complimentèrent la nouvelle Monade degagée : On vit même *Mourët* et *Campra* s'avancer timidement; tandis que *Sacchini*, *Paëfiello*, *Pergolèse*, *Cimarosa*, *Haydn*, fe précipitaient dans les bras du Heros. *Piccini*, non decorporé encore, mais excorporé par Multipliandre, tenait Haydn par la main; ils convinrent tous-deux que jamais les Ames ni les Corporés n'avaient rien entendu de fi raviffant....

Demain, ma belle Hortenfe; j'achèverai ce qui regarde *Beaumarchais*, dont la decorporation définitive est encore douteuse.

REPONSE A LA LXXII.ᵐᵉ LETTRE.
28 Avril.

Non, elle n'est pas définitive, chër Mari: quoique son Testament soit fait : il veut être enterré dans son jardin du bastion *Antoine*. Mais ce que tu nous en dit a excité notre curiosité. Nous nous somme informées, et nous avons appris, que Beaumarchais, depuis quelque temps, travaille à un *Opera*, dans le *Prologue* duquel il introduit les âmes non corporées des Personages, qui doivent paraître corporés dans l'Opera. On assure que, pour n'y rién mettre que de vrai, il a employé tous les secrets de l'art chymique, pour tirer son âme de son corps, et la faire monter au sejour des des Ames decorporées, et prêtes à se recorporer. Voila comment il a tracé le fujet de son Prologue, d'après l'Illuminé *Bœhmër*, dont il avait pris les leçons. Il a su realiser la verité hypothetique. C'est un trait de genie.

Nous ne sommes pas fâchées de l'apotheose de Gluck, faite par Orphée... Mais bién des Gens d'ici mettent au desfus de lui tous les grands Musiciéns dont tu parles enfuite. Quelques-uns regardent *Grétry* comme fon émule dans un autre genre. En effet, *Grétry* a des airs charmans, et la quantité en est prodigieuse!... *Floquët* ne lui est certainement pas comparable, autrement que par fon unique Opera de *l'Union de l'Amour et des Arts*... Nous attendons ainfi la fin de Beaumarchais! bién fâchées que Tu ne puiffes rién dire à Yfflasie et Klarendon de ce que nous t'apprenons.

LXXIII.me LETTRE.

13 Avril.

JE me hâtai d'interroger Yfflasie et Klarendon fur les existances antérieures de *Beaumarchais?* J'obtins plûfque je ne demandais.

Cet Homme celèbre était parvenu à élever Une Fille Unique. Il s'agiffait d'épouser la Mère. Il connaiffait le Duc MULTIPLIANDRE. Il ala le trouver, et lui demanda, de faire fortir fon âme de fon corps BEAUMARCHAIS, de la remplacer par la fiénne, ou par Une autre, dont il tiéndrait le corps renfermé pendant deux heures, que devait durer l'émigration, et de lui procurer l'ascenſion au ſejour des Ames. Son but était de ſavoir ce qu'avait été Mme *DeVilliérs*, mère de ſa Fille, et, ſi poſſible était, ce qu'elle ſerait dans le mariage. Il obtint ce qu'il demandait ; le Duc MULTIPLIANDRE crut devoir une pareille diſtinction à Un Homme de cette celebrité. Voila l'hiſtorique.

Beaumarchais fut content de ce qu'avait été MAD. De-Villiérs, aujourdhui ſon Épouſe ; je n'en citerai qu'une exiſtance, la dernière avant celle-ci : Elle était *la Comteſſe de la Suze.*

Je m'informai enſuite de ce qu'avait été le Mari ? A ſa dernière exiſtance corporée, il était *Fouquët* le ſurintendant : Auparavant, le Contrôleur-General que la Ducheſſe *d'Angoulême* laiſſa perir, en lui refuſant les reçus des ſommes qu'elle avait tirées du Tresor-royal. Avant cela, Maire du Palais, ſous la 1re Race, Celui qui a précedé *Charles-Martel* : Beaucoup plüs anciénnement, *Sejan* : plüs anciénnment encore, du temps de *Scipion*, *Terence* le Dramatiste: Immédiatement auparavant, *Menandre*. Il était originaire de Grèce. L'On n'a pu remonter plus haut. Peut-être n'aimera-t il pas d'avoir été Sejan; mais il ne faut pas plus croire toutes les calomnies des *Suctones* de Rome contre le Favori de *Tibère*, lorsqu'il fut malheureux, que celles qu'On a débitées en France contre Beaumarchais lui-même *.

* M. De-Fontlhète aurait eû beaucoup d'autres choses à dire ſi, lorsqu'il écrivait ces LETTRES, On avait eû joué FIGARO aux *Français*, ét TARARE à l'*Opera:* Mais il ne faut pas oublier que ce Recueil n'a été mis en ordre qn'en 1786 ét 90

Poſt-ſcripton *effacé à n'être pas liſible, dans la Lettre envoyée à Hortenſe.*

Hêlas! ma belle Amie, ce que c'eſt que de nous! J'ai paſſé une mauvaiſe nuit! par les atteintes d'un mal cruël! et mon tourment était de ne pouvoir, de n'oſer penſer... Je ſuis moins mal, en ce moment, puiſque j'écris.... O mon Amie, ma Compagne tant aimée! ſans la doctrine que je me ſuis perſuadée, et que je tâche de vous inculquer, que je ferais malheureux! Mais l'imagination fufpend des maux reels, fi elle ne les guerit pas. ... Je vais faire la Lettre de demain, qui contiendra d'autres traits.

RE*P*ONSE A LA LXXIIIme LETTRE.
29 AVRIL.

BEAUMARCHAIS pouvait avoir un double motif: Celui qu'On nous a dit, et celui que Tu nous expofes. En-effet, il est marié, et l'On trouve de par le monde une belle Lettre, écrite à fa Femme, dans laquelle il lui parle noblement du rang où ils fe font élevés tous-deux, par le mariage.

Nous lifions votre Lettre, et nous ne nous ne fommes pas interrompues, en voyant entrer le Marquis *de la Grange*. Il a fouri, lorfque nous avons eü achevé, en nous difant; ,, Je fuis étonné que M. De-Fontlhète n'ait pu remonter audelà de *Menandre!* Je n'ai pas fon imagination; je ferais bien remonté jufqu'à l'Ayeul ou au Bifayeul d'*Ulyffe*... Mad. De Beauchamois l'a fait expliquer en-particulier; et nous nous fommes aperçues qu'elle le grondait beaucoup !... Nous n'en avons compris la cause qu'après le depart du Marquis... Je ne le croyais pas mechant!

LXXIVme LETTRE.

D. m. T.   24 Avril.

EN finiffant ma dernière, chère Femme, je vous promettais des choses d'un nouveau genre. Mais je ne puis encore vous tenir parole. C'est que cette nuit j'ai rêvé que je voyais ce bon Vicomte *de Touftain-Richebourg*, et fa vertueuse Compagne. Vous favéz comme ces 2 Perfonages font estimables ; quelle est leur douce philanthropie, leur humanité ! Le Vicomte confacre fouvent des journées entières à des follicitations, pour rendre fervice à des Êtres à-peine connus. L'ingratitude ne le decourage pas ; c'est Un *Saintaldegonde* d'un autre genre.

Je demandai à *Caton*, ce qu'ils pouvaient avoir été, dans leurs vies précedentes.... Il reflechit un moment.. Le Mari (me repondit-il), est d'origine faxone. Dans le temps que nous autres Romains nous conquerions la Terre, les Ancêtres du bon Toustain étaient des Sarmates feroces. Ils étaient très-courageux, très-têtus, et toutes les fois qu'il s'agissait de quelqu'entreprise hasardeuse, on les voyait marcher à la tête de leur Nation...... Ils vinrent en France, avec les Normands, qui la ravagèrent sous le règne de Charles le Simple, et le Chef de la Famille *Toustain*, ou *Toustein* (nom qui équivaut à *Tor-pierre*, ou *Tor-en-pierre*), était Un des Compagnons du Duc *Rollon*, père de *Guillaume* le Conquerant d'Angleterre. Cette Famille resta en Normandie : ce qui la priva des grâces de la la Cour..... Dans une vie suivante le *Toustein*, chef de branche, servit avec distinction, sous le nom de *Raoul* : mais comme les Normands appartenaient alors à l'Angleterre, ils ne sont pas celèbres dans nos *Annales*. Le Vicomte actuel a été *Duguesclin*; parceque les âmes n'entrent pas toujours dans des corps de la même race, quoique cela puisse arriver quelquefois. Il fut auſſi le Duc *d'Epernon*, sous Louis-XIII. A ſa dernière vie, il était Archiviste.

Quant à ſon Époux, elle a été *Anne de Bretagne*; et à ſa dernière vie, ſous Louis-XIV, *Louise de Gonzague*.... Mais ayant demandé à ſavoir quelque-chose du futur de leur existence, Caton appela *Érythrées Sybille de Cumes*, qui se concentra un moment.... Que vois-je ! (s'écria-t-elle), Touſtein emprisonné ! près de l'échaffaud ! Il conſole ſes Camarades de prison ; il est pour eux Un Ange de paix !... Mals quel autre Tableau ? Sa Femme, le cœur ſerré... croyant voir ſon Mari dans le Tombereau fatal... expire de douleur !... C'est après cela que Toustein ſort, et ne trouve plus ſa Compagne..............

[*D'une écriture parfaitement imitée.*].

Vos conjectures, ſur le Frère et la Sœur *Vigée* ſont vraies (cette Dernière ſera ſous très-peu de temps, célèbre ſous le nom de Dame *Lebrun* : J'ai decouvert qu'elle avait été *Dibutade*, inventrice du Portrait; aux lumières, elle deſſina ſon Amant ſur

la paroi, la veille d'un long voyage........
Quant au Frère, il fut à Rome *Petrone*, et posterieurement *Marôt*.... Pour *Montmo-renci* il fut *Robërt-le-Fort*; puis le Duc de son nom decapité à Toulouse.. *Cambacerèz* fut *Gregoire de Tours*, après avoir été plus anciènement *Plutarque*, puis l'Abbé *Sugér*; en dernièr lieu, il a été l'Abbé *De-Fleury*... *Servan*, fut *Stilicon*, puis *Henri-VIII*; enfin, en dernièr lieu *Catinat*... *Cailhava* a été bien deviné par vous : mais en dernièr lieu, il était *Lachauffée*... *Descherny* fut *Lulli*... *Genève* était l'auteur d'*Ut queant laxis*. *Gournan* fut *Lucrèce*, puis *Apulée*; en dernière corporation, chose étonnante! le Cardinal *de-Polignac*! ..... *Villars* fut *Boïsrobërt*; en dernière corporation, *Saintfrançois de Sales*.... *Lecomte* fut *Julién* dit *l'Apostat* par les Fanatiques, le *Philosophe* par Gens raisonnables; ensuite il fut *Belisaire*; puis *Baïard*; enfin *Vendôme* sous Louis-XIV.... *Domërgue*, le Grammairién, venait d'être le Cardinal *Janson*; et l'Astronome *Lalande*, *Cotherine de Médicis*, puis *Boindin*.... J'en ai encore vu d'Autres : mais c'en est asséz.

RÉPONSE A LA LXXIV.me LETTRE.

30 Avril.

Il faut convenir que je ne m'attendais pas, mon ingenieux Ami, à recevoir de toi un Oracle de la *Sybille de Cumes*, dont tu ne fais paraître la Monade, que pour prédire à cet infortuné Toustain les plus grands malheurs!.. Il falait que Tu eusses du noir dans l'âme, en écrivant cette Lettre! Il ne faut prédire ces choses-là, que lorsqu'on en est bién sûr, et la Comtesse se gardera bién d'en parler à Un de ses Amis les plus estimés.

Sa Fille, qu'On élevait à *Saintcyr*, en est sortie, à-cause d'une indisposition... Elle est bién : mais elle aura un-jour de grands traits de ressemblance avec Mad. *De-Mirabeau* la mère.

Il y a ici une grande agitation dans les esprits! Je ne sais ce que cela deviéndra. J'en augure du mal, et sans être la *Sybille de Cumes*, j'oserais prédire que l'orage qui se prépare sera terrible!... C'est à l'imprudent despotisme des *Sartine*, des

Lenoir; à la faiblesse des *Decrosne*, qu'on doit cette disposition des Français. Quant aux *Parlemens*, dont Tu ês membre, Tu les as toujours regardés comme les Énnemis de tout bién, qui ne leur est pas perſonel.   [*Affaires.*]

LXXVme LETTRE.

D. m. T.   15 Avril.

YFFLASIE et KLARENDON venaient d'entrer dans la Magistrature. C'ètait, comme de raison, Yfflasie qui alait au Palais, et Klarendon, tout en s'appelant *Monſieur le Préſident*, rempliſſait à-peu-près les fonctions de nos Préſidentes.

C'est quelque-chose de bién ſinguliér, que le *Droit* chéz les Ames décorporées, leurs procès, leurs chicanes, leurs jugemens, les arrêts de leurs Parlemens! On y trouve, comme ici, des *Procureuses*, des *Avocates*, des *Greffières*, des *Jugeſſes*, des *Huiſſières-Audiencières* ou *Priseuses*; il y a des *Parlemens*, des *Bailliages*, des *Préſidiaux*, des *Senechauſſées*, des *Cours des Monnaies* et *des Aides*, de la *Connétablie*, et jusqu'a des *Arbîtreſſes du point-d'honneur*. Mais ce qu'il y a de curieux, c'est de voir comme tout-cela est composé !... Celles qui ont été *Recôrds* ou *Huiſſiers*, ſont à l'Empirée, *Préſidentes de Grand'Chambre*; les *Procureurs* ſont *Conſeillères*; les *Avocates*, ſont *Gardes de Robe-courte*, et les *Préſidens*, ſont là-haut *Conciergeſſes*, *Geolières*; les *Premiers-Préſidens* exercent les fonctions de *Queſtionaires* et de *Bourrelles*. Ce ſont des Ames de Rompus, de Pendus qui ſont *Préſidentes*, etc[a].

Je vis plaider une cauſe qui m'amuſa : Ce fut celle d'Un *Premier-Préſident*, dont l'âme était devenue voleuſe de grand-chemin, comme on peut l'être chez les Ames. Le Coupable avait devaliſé une belle invention, pour faire des Enfans beaux, ſpirituels et vertueux, ce qui n'était qu'un ſeul ſecret. Pour cacher ſon larcin, il avait tué l'Inventrice, en la contraignant à ſe colloquer dans un Embryon. Je le vis ſur la ſellète devant *Cartouche*, alors *Préſidente de Tournelle!* L'ancién Coquin, dont les hautes deſtinées font peutêtre d'animer biéntôt l'Embryon du fils d'Un *Monarque*, était grâvement affise, fourrée d'hermine : Tandis que le pauvre ancién Pésident, qui fouvent avait vendu des Arrêts injustes, couvert de haillons intellectuels, repondait avec confusion, à Monfeigneur au feminin. Le Prisoniér fut convaincu d'avoir volé le fecret par ruse, et d'avoir par-là causé un tel chagrin à la pauvre Monade, qu'elle s'était degoûtée de la vie d'âme pure, et avait été précipitée, par le fait du Prisoniér dans les inextricables abîmes de la vie corporée ,, Pour réparation duquel crime (portait ,, l'Arrêt), l'Accusée convaincue, est con- ,, damnée à être rompue vive audeſſus de ,, la place de Grève, au moment où l'on ,, fera fouffrir audeſſous cet horrible fup- ,, plice à Un Coupable corporé ; afin qu'il ,, en éprouve intellectuellement toutes les ,, angoiſſes,,. *Signé* D. CARTOUCHE, P. d. T.

Elle fut ainfi rompue, et fouffrit jufqu'au moment où le Rompu corporé expira..... Mais quel coup du Sort ! les 2 Ames, celle du Rompu intellectuel alant tristement animer un corps; celle du Rompu corporé venant gaîment fur la Rotonde de l'atmosphère, pour y être Enfant-âme, et devenir, étant netoyée de la craffe du vice, un beau Diamant intellectuel; les 2 Ames dis-je, en fe rencontrant, s'étaient embraffées: Ce petit retard fut cause que celle de l'ancien Président de Tournelle, condamnée par *Dominique-Cartouche* (qui, par parenthèse, avait été jadis *Saint-Dominique*), tomba juste pour fe loger dans le germe de la Fille d'Un Prince!... Un-jour cette Beauté (car fa Mère est belle, et elle le fera sans-doute); cette Beauté touchante, n'ira pas fe douter qu'elle fut Présidente de Tournelle-criminelle; puis Monade malfaitrice, rompue, par Arrêt de Saint-Dominique, devenu Cartouche, puis Présidente de Tournelle dans l'Empirée!.... *O vanité des vanités? Tout n'est que vanité!*..........

Je vis enfuite un Procès-civil. Une Monade avait pris les qualités d'Une-autre, et fe les était appropriées. Elle fut condamnée à la restitution. Pour cela, On lui interdit, d'après un fcrupuleux examen, toutes les *penſées* dont elle n'était pas capable d'elle-même, et qu'elle ne pouvait avoir que d'après Autrui : Elle fut ſignalée comme Plagiaire, et toutes les Ames ſe fermaient, lorsqu'elle s'approchait d'elles. Ce Procês perdu ruina la Monade plagiaire d'idées, et elle ſe trouva très-malheureuſe! Combién de Gens parmi nous, ſeraient dans le même cas!

Reponse a la LXXV.me Lettre.

1 Mai.

Tu nous as établi là, excellent Mari! un ſingulier renverſement! Cette Lettre est plüs intereſſante que celles qui l'ont précedée, et je vois que Tu ne menages pas plûs ton Corps que les autres Corporations.... Mais je laiſſe cette matière pour te parler de la petite Beaumarchais qui a marié ſon Père et ſa Mère. C'est une charmante Enfant! Elle n'a que huït ans, et elle touche du claveſſin avec juſteſſe! Elle ſait plûs de 60 airs differens. Son Père en est fou. Je crois qu'elle aura beaucoup de merite; et que l'âme de son Père électrisera la sienne. Une Persone lui disait un jour : ″L'âme d'Une Jeunefille audessous de 20 ans, à-moins qu'on ne l'ait corrompue, est le chéfdœuvre de la Divinité : Tout, dans son cœur, se transforme en vertu. Si elle est sortie d'Un Père ou d'Une Mère spirituels et méchans, elle a leur esprit ordinairemt, mais non la méchanceté : Tout cela est bon, naïf en elle. Si, dans la suite, aprês 20 ans, elle devient méchante, c'est par des causes étrangères... Hâ ! que ne peut-on persuader à la Jeunesse du sexe de conserver cette adorable bonté, qui la rend si aimable, et d'écarter à jamais la malice, la ruse, la fausseté, qui rendent la Femme un monstre detestable !.,. Il serait aisé de ne prêcher la vertu que par l'égoïsme, et de persuader à tout le monde, si l'on savait s'y prendre comme il faut, que le moyen le plus sûr d'être obligé, c'est d'obliger Autrui. On a rapporté, dans LE CŒUR-HUMAIN DEVOILÉ, une scène touchante de punition d'*Eugenie-Beaumarchais*, qui marque, comment On savait s'y prendre, pour former son cœur, s l'enfance, à la philanthropie...

LXXVI.me LETTRE.

D. m. T. 16 Avril.

Il semble que, ces jours-ci je n'aye que des idées noires. Elles m'ont occupé cette nuit comme la précedente : C'est ce qui m'a fait desirer de voir les âmes de quelques Rois, Reines, Ministres et Grands, dont je n'ai pas le courage d'écrire les noms....

O Ciel ! quel bouleversement chéz les Ames !... Ces Hommes fiërs, pendant leur vie corporée, étaient clâssés, d'après leurs idées à leur valeur reelle, dans le gouvernement incorporé ! Une Grande Princesse était... je n'ose le dire... mais c'était un nom masculin, qui finit en *reau*; tandis que son Mari feminisé, avait un nom qui finissait en *tain* : de-sorte que la Princesse était le *f.....neur* du Prince, metamorphosé en *Fille-p....que*.

Ce n'est pas, chère Hortense, qu'On punisse les Ames liberées. des fautes qu'elles ont faites, pendant qu'elles etaient corporées, mais une mauvaise vie corporée, une vie crapuleuse, supersticieuse, abrutie, etc^a., fait contracter à certaines

Ames un engourdissement, une non-rectitude, une fausseté de vues, qui les rendent capables du desordre, même après qu'elles sont decorporées. La seule difference des Ames degagées, d'avec les Ames encorporées, c'est que les 1res se corrigent insensiblement, en avançant dans leur carrière, aulieu que les 2des conservent le même caractère, par le pli des organes materiels.

Je vis ensuite Un Roi et Une Reine du Nord. La Reine était Diseuse de *bonnes et de mauvaises Avantures*, et le Roi Aboyeur à la porte d'Un Spectacle. Ils se connaissaient. La Reine, qui avait été très-mecontente de son Mari, cherchait à le faire punir. Elle le tenta par un appât : Elle mit à sa portée, un beau morceau de *desir-cochon*, que l'Aboyeur vola. La *Carogne*, qui le guettait, le fit prendre sur le fait, et il fut condamné aux *galères*, comme on y condamne les Monades, en les attachant à Un Forçat terrestre, qu'elles voient toujours, et dont elles partagent toutes les peines morales.

rales. Son anciénne Épouse ala la voir paſſer, lorſqu'elle partit enchaînée ; elle l'accâbla de *convices*, à la manière des Poiſſardes, et rit beaucoup de ſon humiliation........ Un autre Roi et Une autre Reine, legérs, inconstans, inconſiderés, qui avaient peri par une ſuite d'imprudences, devenus ſages, après leur decorporation, s'attachèrent l'Une à l'Autre, ſe cherirent, et prenant pour modèles Yſſlaſie et Klarendon, furent honorés comme eux; ils parvinrent aux 1res Dignités de l'Empirée.

O ma belle Hortenſe ! le beau don que celui de voir ce qui existe après la mort !

REPONSE A LA LXXVI.me LETTRE.

2 Mai.

CES idées de renverſement de conditions chez les Ames, chër Mari, ſont philoſophiques : Mais elles n'instruiſent que les Hommes qui ne voient dans la vie corporée, que ce qui est de cette vie-ci... Nous n'avons pas deviné la Grande Princeſſe changée en HOMME, qui fesait un ſi vilain metiér; le nom du Mari n'a pas été plûs clair pour nous. A-moins que ce ne fût.... Mais elle n'est pas morte. Quant au Roi et à la Reine du Nord, nous les avons devinés ; mais nous ne les nommerons pas plûs que Toi.

La Famille *Brunſwick*, qui règne en Allemagne et en Angleterre, donne un exemple bien different ! Elle est heureuse et vertueuse ! Mais le Roi d'Angleterre n'est peûtêtre bon, que parcequ'il est *bonhomme :* Dans ce cas, Un mechant Ministre, dont les maximes feraient *machiaveliques*, pourrait lui faire faire beaucoup de mal !.... Je ris quelquefois, en voyant ce bon Roi, repeter comme Un Écoliér, la leçon que lui font ſes Miniſtres ! C'est ſurtout ſon *Pitt*, qui me fait rire ! Cet Enfant de 23 ans compose le thême du Roi barbon, qui le recite au Parlement, après l'avoir risiblement étudié en ſe promenant dans ſa chambre, 15 jours à l'avance.... Hâ ! que je crains ce petit *Pitt* ! Ces Catons-là presqu'imberbes, causent toujours de grands maux !

[*Affaires.*]

LXXVII.me LETTRE.

D. m. T.   17 Avril.

Il n'est pas du tout singuliér, ma belle Hortense, que les Ames, sur l'Empirée, exercent les mêmes emplois qu'ici-bas : C'est même chéz les Ames que tout-cela est reël : c'est-là qu'est la veritable vie. L'âme est sans étui ; elle agit librement. Ici, aucontraire, elle a le tact comme on l'a lorsque des gants nous couvrent les mains : notre touchér universel est plüs obtus, sous un corps, que celui de l'ours poilu, ou du Rhinoceros cuirassé. Ainsi, mon Amie, si vous aviéz des doutes sur tout ce que je vous raconte, ces doutes ne seraient que des enfantillages...... Je continuerai donc à vous énarrer ce que m'ont fait voir cette nuit Ysslasie et Klarendon, en m'instruisant du sort de quelques Grands Personages, qui viennent de mourir chéz nous; c'est-à-dire de revivre reëllement.

Une Ame que j'ai eü beaucoup de plaisir à voir, a été celle de *Pirón*. Elle n'a pas voulu garder les *Desîrs-brebis*; elle a a demandé l'âme de *Vadé*, qu'elle a trouvée *Vivandière-Rogomiste* de la *Rapée* ou de la *Genouillère*. *Pirôn* ou *Pirône* s'est auſſi-tôt miſe m^{de}-de-vin à-côté d'elle; et comme *Vadé* femme reſſemblait beaucoup à ſa Sœur, la jolie *Bijoutière* de la ruë de *l'Arbre ſéc*, elles ſe firent l'amour.

J'ai vu enſuite *Crebillon*-fils, dont le Père venait de ſe recorporer, par une condamnation à mort, pour avoir, dans une Tragédie de l'*Empirée*, fait boire du ſang d'âme à ſon perſonage de *Thyeſte*..... Il était entré dans le flanc de la Veuve du Prince *Lambale*, au moment critique... Mais la pauvre Ame *Crébilloneſ* s'aperçut qu'il y avait abus, et que c'étaient 2 Femmes... Se trouvant toute portée, elle entra dans le flanc de Mme *D'Orleans*, où elle anima l'Embryon du futur Duc *de-Valois*.

Crebillon-fils âme avait l'air très-efféminée! Elle marchait mollement, et feſait la belle. Je lui dis: —Alons donc, *Zulica*! une contenance plus decente,,!

Tandis que je m'occupais d'elle, je vis arriver une jeune Ame très-coquète!....

je demandai, Quelle était la jeune Princeſſe qui venait de ſe decorporer ?... On me rit au nez. —C'est Un Homme,.. Un Mouſquetaire (me dit Yſſlasie, en appuyant ſur la qualité); c'est *Dorat*, qu'un mal de poitrine vient de delivrer d'une vie languiſſante, que *Fanier* aurait abregée, ſi elle avait eü le cœur: mais Une autre le poſſedait tout-entiér.... *Dorate* fut installée bergère des *Desirs-moutons*, pour tout le temps de ſa jeuneſſe *amable* (je ſuis obligé d'introduire ce mot, l'idée de la chose n'existant pas chéz nous, avant ma decouverte, l'expreſſion ne pouvait être dans la langue; elle ſignifie *jeuneſſe d'âme*). *Dorate* n'avait point de Bergér: Aulieu d'Un Compagnon, elle n'a qu'un Portrait, qu'elle va ſans-ceſſe conſiderant. Elle lui parle; elle le baise: —Hâ! que je l'aimais!,.. Que je l'estimais! .... *Je l'adorrais*... Voila tout ce qu'elle dit. Quelquefois *Dorate* chante une jolie chanſon. Puis elle ſoupire:—C'est elle qui l'a faite... Elle est mon amie, ma compagne: ca: je ſuis femme comme *Fanny* »....

Je ne comprenais pas d'abord pourquoi

la belle *Dorate* avait une *Anglaise* pour amie. Mais Yfflasie, qui vit mon embarras, me dit en souriant : —Il faut avouer que vous êtes bien distrait ! C'est votre Amie, et celle de votre Femme „... Je fus au fait par ces deux mots. Si vous la voyéz demain (ajouta la vive Yfflasie), baisez-lui, pour moi, ses belles mains, et parléz-lui de *Dorate*. Mais nous, nous n'osons parler d'elle à *Dorate* ; car aussitôt ses ïeux se changent en deux fontaines de larmes, comme autrefois ceux de *Biblis* „.

Je suis asséz content de cette vision, ma Belle.

REPONSE A LA LXXVII.me LETTRE.

3 MAI.

MES 3 Compagnes, chèr Mari, dont Une est si honorablement traitée dans ta Lettre, en ont été vivement émues ! Pour moi, je t'en remercie, en mon particulier...... J'aurais bien voulu que Tu nous eûsses donné la cantilène que chante *Dorate* en l'honneur de *Fanny* !... Nous lui avons demandé, Si elle imaginait, Quelle chanſon ce pouvait être ?... Elle ne ſe l'est pas rappelée. Elle nous a dit ſeulement, Qu'un ſoir, que *Dorat* arrivé, restait dans le ſallon, ſans entrer dans ſon cabinet, elle chantait ſeule un couplet d'une anciénne cantilène :

    Une autre fois, qu'un-peu distraite,
    Et sans répondre à ſes discours,
    J'écoutais chanter Timarète
    Soupirant ses tendres amours ;
    Cet amusement ſut déplaire
    Au plūs aimable des Bergérs :
    Pourquoi se met-il en colère,
    Et me prend-il quatre baisérs,
    Pour une faute, auſſi legere ?
    [*Cette Chanſon a plūs d'un ſiècle.*]

Ce couplet est effectivement naïf et delicat : Mais ce n'est pas celui que chante *Dorate*, le croyant de *Fanny* ?

LXXVIII. LETTRE.
D. m. T.   18 Avril.

LA nuit ſuivante, je rêvai *Fanny*, puisque je ne pouvais pas la voir. A peine j'étais au lit ; à peine une crême de ſommeil (paſſéz-moi l'expreſſion ; mais il me semble que l'on s'endort, comme la crême se fige sur les liqueurs lactées), eût clos mes paupières, que je me trouvai chez *Fanny*. Elle avait beaucoup de monde. Je m'assis à ses piéds je ne sais pourquoi. Car ce n'est pas trop le bel usage, depuis que *Molière* l'a ridiculisé un-peu sans sujet. Je lui ai parlé d'Ysflasie... Elle a soupiré ! J'ai voulu prendre sa main pour la baiser. Elle l'a retirée vivement !... ,, Hâ ! belle *Fanny !* vous refusez votre main à baiser au Lieutenant d'Ysflasie près de vous ! à l'Amie, au Confident de *Dorate* ,,!... A ces mots, *Fanny* m'a regardé interdite : Puis tout-à-coup me livrant sa belle main, elle m'a dit: ,, Hô ! cent-fois, Fontlhète, cent-fois, pour Ysflasie et pour *Dorate*. Je lui ai raconté ce qui s'était passé la nuit dernière. Elle a paru émerveillée, attendrie... J'ai vu des larmes dans ses ieux. Mon songe n'a pas fini-là; mais il a changé d'Objet. Je me suis trouvé dans l'Empirée. Ysflasie et Clarendon ne m'ont point parlé de *Fanny* : Il me semblait que nous n'en avions jamais rién dit. J'ai vu passer deux jolies

Femmes encorporées; non enfemble, mais feparément; puis à tout moment, je les voyais confondues en Une. *Fanny* parut enfin, et les 3 n'en n'on plus fait qu'Une. Surpris de ce prodige, j'en ai demandé l'explication ? Klarendon m'a repondu, ,,C'est en-effet un phénomène bien extraordinaire que vous voyéz! Ces 4 Femmes encore encorporées font 4 Amies; la Marquise *de-Chazù*, la Comteffe *Fanny*, la Marquise *de-Marigni*, et la Marquise *Comarieu de-Montalembert*: Elles vous paraiffent Une, foit parcequ'elles ont les mêmes fentimens, les mêmes dispositions; foit parcequ'Un très-habile Homme, dont je vous ai deja dit un mot, fous le nom de Duc MULTIPLIANDRE, fe fert d'elles actuellement, par le pouvoir de fon art fublime, pour en faire une feule Femme, douée de tous les talens et de toutes les vertus. Il prend les actions de chaqu'une d'elles, et il en compose la vie, la conduite d'Une feule Marquise admirable, bonne, dont tous les instans font marqués par un fervice rendu, un fecours donné... Par-exemple, c'est à la Marquise Marigni, qu'est arrivé le trait de la reconnaissance de *Saintbrieuc :* C'est à la Comtesse *Fanny* qu'appartient le trait du balcon; c'est Mad. *De-Chazù* qui a secouru tant de Filles et Femmes infortunées ; c'est à la belle *Comarieu* que l'on doit les encouragemens donnés au Spectateur, et la bonne action attribuée à Une Dame *Châtel*.

Voila pourquoi ces 4 Belles se confondent en Une ; c'est par le pouvoir du Magicien que j'ai nommé, plûtôt que par celui de l'amitié qui unit 3 d'entr'elles.

A demain une autre nouvelle.

REPONSE A LA LXXVIIIme LETTRE.

4 Mai.

Hah ! voila qui est singuliér ! Un Sorciér ne fait souvent qu'Une seule Persone de mes 3 Amies et de moi ! et comme il ne nous trouve pas encore asséz parfaites, pour composer Une Femme de tous points accomplie, il nous adjoint Une 4.me Dame, pour donner à sa PANDORE ce qui lui manque... Il est vrai qu'elle est charmante ! Je ne l'ai vue qu'une seule fois, à souper, chéz M. *Lepelletier de Mortefontaine*, prevôt-des-Marchands, le 30 Avril 84: mais son ressouvenir et ses grâces me sont restés présens.... Il faut, mon Ami, que ton Magicien ait des raisons, pour ne faire de nous-4 qu'un seul Être, en certaines circonstances. Nous nous sommes toutes mises à conjecturer, depuis la lecture de ta Lettre, pour trouver ce qu'On nous attribue à Chaqu'une... Il faut convenir que Tu nous écris quelquefois des choses bién étranges! Mais sans-doute nous en aurons un-jour l'explication, deja ébauchée dans ta Lettre?...

Pendant que j'écrivais, la Marquise de-Marigni est rentrée, en disant: —Je l'ai trouvé! je l'ai trouvé! C'est une prédiction pour notre vie decorporée »... La Comtesse, ni Filète, ni moi ne croyons cela... Nons comptons sur Toi, pour satisfaire notre curiosité.

LXIX.me LETTRE.

D. m. T.   19 Avril.

En revoyant Yssasie et Clarendon, j'appris une grande nouvelle! C'est qu'On était ſi content, parmi les Ames, du genre de merite d'Yfflasie, qu'on venait de l'élever à la dignité royale. ,,Elle n'est pas encore couronée (me dit Klarendon); c'est pour tantôt. Nous eſperons que vous aſſiſteréz à la ceremonie, encore que votre caractère un-peu republiquain vous rende énnemi de la Royauté,,. Le Mari de la Reine doit être Roi ; mais comme nos Reines ſont ici, ſans autorité. Seulement, ſi la Reine venait à mourir, par quelqu' accident, il devrait avoir la regence, pendant le reſte de ſa vie degagée, ou ſeulement pendant la minorité de ſa Fille...... ,,De ſa Fille ! (vous écrieréz-vous) : eſt-ce que les Ames ont des Enfans ? ,, Oui ma Belle... Je ne decouvre tout-cela qu'à la longue, et petit à petit... Le Mari, fecondé par son Épouse, accouche, comme le font ici les Femmes, d'un Enfant, mais par l'oreille, et après un éternûment, d'une ſubſtance intellectuelle, qui s'eſt formée dans le cerveau du Mâle, à-peu-près comme Minerve ſe cryſtalliſa dans le crâne de *Jupiter;* comme il est prouvé par la théologie des Anciens...............

C'EST même par cette raison que les les Corporés, par une reminiscence obscure, se font un compliment, lorsqu'ils éternuent : *Dieu vous beniffe !... A vos souhaits !... Grand bien vous faffe !...* Ce qui veut dire autant que, *Accouchez heureusement !* ou, *d'une idée heureuse*, etc.a Il est quelquefois arrivé, quand le néz est bouché, que le Mari accouche par la bouche, et même par l'oreille ; et c'est encore par reminiscence, qu'On dit d'Un Auteur, qu'il est accouché d'un *Roman*, d'une *Comedie*, d'une *Tragedie*, d'un *Poéme-Épique*, etc.a ; comme On dit, par propreté, aux Petits Enfans, que leur Mère les a faits par l'*oreille*. Explication puérile en apparence, et vraie à l'Empirée.

Un Enfant âme n'est dabord qu'une conception : Enfuite une autre conception s'y étant jointe, elle devient une *idée*. L'âme masculine accouche, lorsqu'il y a autant d'idées raffemblées que nous avons de fens ; que ces *idées* se font formées en *penfées*, et que plusieurs *penfées* ont effectué un *desir*. Alors, c'est une Ame nouvelle, qui n'a jamais eü de corps, qui vit de la vie des Ames, et qui au moment où le *desir* involontaire la pressera de s'unir à un corps, ira se jeter dans celui procreé, à ce même instant, par deux Êtres corporés, qu'elle voit commencer une copulation. C'est pour cette raison que les Ames voient les corps, et que les corps ne voient pas les Ames : Celles-ci, pour aler les animer, ont besoin de voir ceux-là ; et les corps pour exister, n'ont pas besoin de voir les Ames. Or la Nature ne nous donne que les connaissances et les facultés necessaires

L'Ame nouvelle-née se fortifie, en étendant et corroborant ses idés primitives; elle les combine de cent-mille manières differentes, jusqu'à faire les raisonnemens les plüs abstraits. Voila ce qui s'appelle craître, grandir, devenir raisonnable pour des Ames neuves, que des Ames plüs anciénnes peuvent beaucoup aîder de leurs lumières et de leur experience... C'est ainsi que tout se ressemble, dans la Nature, et que Celui qui connaît bién un chaînon de la chaîne des Êtres, connaît, par lui, tous les autres! Qui connaît bien l'Homme, connaît tous les Êtres inferieurs; tous les Êtres superieurs, la *Planète*, le *Soleil*, enfin *Dieu*, ou l'*Être-principe*......

Pendant que nous parlions, et dans le moment où l'On venait chercher la *Reine* élue, parceque la *Reine* dernière était decedée sans Posterité, Klarendon accoucha heureusement, en 6 éternûmens sans intervale, d'une Princesse, en présence des Grandes de la Cour.

Je cesse ici. A demain : Je suis obligé de donner quelques soins à l'Accouché.

REPONSE A LA LXXIX.ᵐᵉ LETTRE.

5 mai.

Alons, spirituel Mari, soigne bien le *Gisant*! Enverité, j'aime ces imaginations folles, parcequ'elles marquent la gaîté de ton âme, en les écrivant. Si mes Amies n'en rient pas comme moi, c'est qu'elles n'ont pas le même caractère, et que Tu n'ês pas leur mari.

Mais Tu composes asséz bién ces Fœtus

intellectuels, et l'on voit que Tu aimes à mettre à tout de la vraisemblance, autant qu'il est possible.... Nous attendons toujours tes Lettres avec une égale impatience : alnsi, ne nous neglige pas......

[*Hortense seule (il ne faut pas l'oublier), ignore que son Mari n'est plus, et qu'elle n'a commencé à recevoir les* LETTRS DU TOMBEAU, *que le lendemain de l'instant fatal....*

FIN de la I.re Partie.

Ce Volume n'est pas le plus merveilleux de l'Ouvrage ; puisqu'il ne contient que l'Histoire des Ames decorporées ; Mais c'est par là qu'il falait commencer la Correspondace de deux Époux, dont l'Un veut préserver l'Autre de la crainte de la mort.

www.ingramcontent.com/pod-product-compliance
Lightning Source LLC
Chambersburg PA
CBHW050731170426
43202CB00013B/2260